第二言語としての日本語の発音とリズム

Pronunciation and Rhythm of Japanese as a Second Language

鶴谷　千春
Chiharu Tsurutani

渓水社

はじめに

この本は日本語の音声、音韻習得研究を通して、外国語の発音にまつわる様々な問題を考えることを目的として書かれています。筆者の日本語教師、日本語言語学の研究者としての経験から、第二言語としての日本語を通して、外国語の発音習得過程、発音習得に関する疑問を取り上げ、英語を母語とする学習者の誤りを参照しながら、第二言語の音声学的特徴、韻律的特徴が説明してあります。その中で、発音習得過程で通過して行かなければいけないポイントを示し、外国語の発音学習に役立つ知識、音声学習の方法、教材、教授法などを提供していきます。第二言語としての音声、音韻の習得は、母語習得との差異において、解明されていない点が多くあり、その研究は第一言語の研究で見い出されなかった答え、または答えへの糸口を生み出す可能性も秘めています。中でも発音は誰もが習得の良し悪しを語れるという点で興味深い分野です。日本語教師、日本語言語学の学生、研究者のみならず、一般に外国語の発音で苦労した経験のある人、発音を上達させたい人にも読まれることを願っています。

Preface

Pronunciation and rhythm are particularly important aspects of acquiring a new language, even if language teaching often fails to acknowledge this. In this book I examine key issues concerning pronunciation and rhythm of foreign languages through the phonological acquisition of Japanese, based on my many years of experience and insight as a Japanese language teacher and phonologist at an Australian university.

My empirical study discussed here uses errors found in the speech of English speaking learners of Japanese to illustrate phonetic and prosodic characteristics of second language pronunciation. Results of this study demonstrate the learning path of second language acquisition through pronunciation. Guided by these findings, I introduce points that I believe will be useful for the mastery of second language pronunciation, as well as teaching methods and materials for this purpose.

The phonological acquisition of second language is a complex field where individual experience – and opinion – range widely, as this book's discussion of the field demonstrates. Indeed, some of the many unsolved puzzles in this field have potential to deepen understanding of phonological acquisition in first language as well as second language. This book is therefore useful not only for teachers and researchers of Japanese language but also for those who are interested in pronunciation in general and pronunciation of foreign languages in particular. As this book underscores, pronunciation and rhythm are clearly instrumental in acquiring any new language, no matter how many languages a learner has already acquired.

Chiharu Tsurutani
Brisbane, Australia.

目　次

〈記号解説〉

記号については、随時本文で解説していくが、特によく使用するものを下にあげる。

Q　=　促音
R　=　長母音の２番目のモーラ
V　=　母音
C　=　子音
N　=　撥音
ϕ　=　無

第二言語としての日本語の発音とリズム

1．第二言語の発音の習得

1－1．外国語訛り
― 言語が持つ音韻体系、音素の違い ―

外国人の発音を聞いて、「あ、訛りがある。」「この外国の方は日本語上手だな。」と素人なりに判断することは、誰にでもできるだろう。さらに日本人の英語は、よほど完璧でない限り、日本人には聞いていて同胞だとわかってしまうことが往々にしてある。外国語訛りは、話者が自分の母語の音韻体系や音素を使って学習している外国語を話すことによる、標準的発音を逸脱した発話である。だから、母語話者には聞きなれない音調は捉えられやすく、逆に聞きなれた音調が多言語の中に混ざっているものは言い当てられる。しかし、どうして外国人っぽく聞こえているのか、何を取り去り置き換えれば母語話者に近づくか言うことは簡単ではない。

例えば、若者におなじみの「マック [makku]」と呼ばれるハンバーガーは、日本語の音韻組織を通されると、元の言葉、「Mac[mæk]」より、音素の数が２つ多く、元々あった母音も違うものに置き換えられている。これは、初めて日本語に遭遇した英語話者が発音する「とうふ [to:Φu]」が、[toufuu] か [tofu] になるのと同等の逸脱である（f の音が違うことに注意）。母音が５つしかない日本語では、[tou] でも [o:] でも受け入れてしまうが、母語が 12 個以上に区分される英語では、[ma] まで来たところで、もう [mæ] と違う単語を聞き手は頭の中で検索し始めている。で、すぐにお手上げとなる。“Oh, you mean Mac!” と返されて、日本人の方は、“だからそう言ったじゃない、” という顔をする。

マックの場合、声の高低は、英語から日本語に借用された後も高低 [HL]（H = high, L = low）と変わらないが、「とうふ」では、[LHH] から [HL] へとアクセント型までも変わってしまう。[tofu] の音はわかってもらえても、文脈がなければ、TOEFL と聞き間違える日本人もいるかもしれない。各言語の話者とも、母語話者が首をかしげるのは自分のせいだと恥じたりする前に、お互いの言語間の音韻体系、音素の相違が起こしている自然な言語現象なのだと認識しておくべきだ。外国語学習者として当然のスタートラインに立っているだけのことだ。そして、各言語、これだけはゆずれないという音声面、音韻面でのポイントが違うのだ。さて、その対象としている外国語を学習するのであればこのギャップを埋めるために、言語のリズムが何によって作られているかを理解した上で、言語 A と言語 B の間の過不足を埋めていく作業が必要となる。本書では、言語リズムの構成要素を明らかにし、その後、他言語（英語）から日本語へのリズムの移行で観察される現象を元に、発音の習得に必要な要素を解き明かしていこうと思う。

1－2. 外国語訛りの正体

マックの話で少し触れたように、「訛りがある」とされるスピーチには、様々な特徴があり、一言語の母語話者に一種類の訛りのパターンと言うわけではない。また、「訛り」だと指摘されるものは、ある一音素の出現であったり、イントネーションのみを指していたり、またその両方だったりする。従って、訛りの種類と程度は区分してかかる必要がある。ここで、「発音が悪い、できない」と「訛り」の違いも区別しておく。初級の学生が、発音を習得する過程でたどたどしいのを、訛っているとは言わないだろう。訛っているという評価が出てくるのは、ある程度流暢に会話が進むようになった話者が、同じような間違いを繰り返し、ある程度の間隔で見せる場合に聞かれるコメントだと思われる。つまり、訛っているという段階に来ていれば、初級は卒業しつつあると言えるだろう。

次に訛りの種類について考えてみよう。母音、子音に対してイントネーションと一般的に呼ばれるものは、音韻論では、分節素に対する超分節素という用語が当てられている。前者のような音素そのものの不正確さも、後者のような抑揚、長さ関係の誤りも、訛りとしてとらえられる。どちらが軽症かは、個人さ、癖などもあって断定しにくいが、通常、音素の方がなおりが早く、韻律は習得に時間がかかると言われている。韻律は第二言語学習者にとって、最も習得しにくい分野であるという報告（Ioup and Tansomboon: 1987）や、韻律が幼児に最も早く習得される母語の一面であること（Jusczyk, et al: 1993）からもそれがうかがえる。この訛りの種類をリズムという面から考えてみると、韻律がリズムの一要素であることは、明らかである。しかし、韻律のみならず、音素もまたリズムの構成を担っていることは、見落とされがちである。殊に日本語のような音の長短が、リズムの構成要素である言語では（2章参照）その可能性が大きい。

何気なく、「あの人、訛っているね。」というコメントは、知覚する者の側が何を耳障りに感じてそう言っているか、注意深く観察する必要がある。

外国語訛り ―― 韻律 － 音の高さ／長さ、イントネーション
音素 － 母音、子音の誤り
その両方

100％の精度を持って学習者の発音の判定をすることは、経験を積んだ音

声学者や教師でも難しい。学習者の発話を聞きなれた母語話者同士で学習者の発音を書き起こしても、記述が一致するのは80～90％の割合でしかない。これは学習者の発話が確立されたものでなく、微妙に２音素の中間に位置したものであること、その場の印象に左右される人間の知覚のゆれなどに起因する。音声工学の分野でも機械による正確な判定に向けて、現在、研究が進められている。（第７章参照）

1－3. 大人になって正しい発音をすることは無理なのか

一般に「外国語は子供の時に習い始めなければだめだ、大人になるほど訛りが残る」と言われている。事実、身近にそういう例は事欠かないだろう。各種習い事の例などを思い浮かべれば、うなづきたくもなる。本当にそうなのだろうか。筆者は、発音学習は適切な学習を行えば成人になってからでも可能であると考える。言語研究分野で報告されている、それを肯定する説と否定する説を挙げて考えてみよう。

1960年代にLennebergが臨界期説（critical period hypothesis）を提唱して以来、思春期、12～14歳がネイティブレベルの言語習得の限界であるという考えが根付いた。Lenneberg（1967）は生物学的見地から、左脳の言語中枢としての主機能が２歳から思春期までの間に確立されることを挙げて、この時期を第一言語の臨界期（critical period）とした。ここで、この説を第二言語習得に適応する場合は注意を要する。第一言語習得は人類に特有のものであり、内在する能力であるという多くの説は否定できない（Chomsky: 1972）。しかしLenneberg自身、言語習得を人が習得する行動の中で生物的な要素の濃い歩行と文化的な習得行為である読み書きの中間に位置づけた。第二言語習得であればなおさらのこと、文化的、環境的要因が強く影響するはずである。

70年代以降になると、研究者たちの説に柔軟な見方が現れ、呼び名も臨界期に代わって言語学習促進期（sensitive period）が好んで使われるようになった。Oyama（1976）は、sensitive periodは、その開始と終結の時期を決められた一時期（思春期）とせず、生物学的な発育と環境による養育の相互作用による産物だととらえた。sensitive periodの存在の有無に関する議論の中で、肯定論の実例として登場するのは、往々にして成人学習者の外国語訛りである。

アメリカ移民の英語習得状況に関して、Oyama（1976）の行った60人のイタリア人男性の外国語アクセントに関する調査や、Johnson and Newport（1987）が46人の韓国、中国人に行った文法テストは、滞米年数よりも、アメリカへの渡航時の年齢が大きく影響するという結果を示した。渡航時、年齢が高かったほど外国語訛りが強く残ったり、文法の点が低かったりしたわけである。分野別に見ると、発音面（phonology）でネイティブレベルに達することは、6歳以後に英語学習を開始した者では難しく、文法面（morphonology, syntax）は15歳以降だと、同じように困難だという結論である。Scovel（1988）も、思春期を過ぎての音声学習はたいてい不完全なままで終わってしまうとした。ここで注意しなければならないのは、6～17歳の子供が移住後学校で一日中英語に触れている環境と、成人移民が単調な会話の少ない労働に従事したかもしれない環境との差を考慮に入れていないところにある。目標言語のインプット量の格差は歴然ではないだろうか。

年齢の高さは、常に不利だというわけではない。イマージョン（目標言語に浸りきった状態で学習する方法）のクラスで低学年の児童より、10～11歳の上級生の方が高いスコアを出すケースや、学習能力の発達と社会的経験の豊富さから学習方法を熟知している成人の方が、語彙や文法テストなどで高得点を示す場合もある（Swain and Lapkin: 1989）。また、発音においてさえも、5歳から31歳までの136人の英語話者に未知のハンガリー語の単語を模倣するテストを課したところ、年齢による差は見られなかったという報告がある（Snow and Hoefnagel-Hohle: 1977）。つまり、年齢とともに調音器官が退化するわけではないのだ。

年齢差から導かれるものは、脳の発育過程の違いだけではなく、その他の諸々の環境要因の差でもある。社会的、心理的要素、第二言語のインプットの量と質など、様々な観点から、研究者たちはその可能性を説いている。その中で、グループプレッシャー（peer pressure）や同化願望（integrative motivation - Lambert: 1974）は、年齢差からくる学習成果の差を説明する要因として注目に値する。成人は正確な発音をしなくとも、周囲が好意的に理解してくれたり、他の社会的能力を使ってコミュニケーションを円滑にすることができるが、子供は、遊び仲間に些細な発音のミスをからかわれたり、とがめられたりする場面に始終対応しなくてはならない。一日中、そういう厳しい発音テストをくぐりぬけて生活しているわけである。筆者は、このグループプレッシャーの存在が成人と子供の一番大きな違いであると考える。同化願望は、所属する社会、グループに受け入れられたいという願望で、移民の環境にあてはまるが、中には自分自身のアイディディを誇り保っておきたいという意図から外国語訛りをわざと維持する者もあるという。そういったケースは、この本では対象外となる。

さらに、12歳以前に学習を始めた子どもでも、訛りが残る例が報告されている。身近な例となるが、移住してオーストラリアに来た家族の9歳、11歳の子供の例を挙げよう。彼らは地元の高校に通い、コミュニケーションに支障のない生活を送っている。しかし、友人の大半が同じ母国からの者であり、そして自宅では常に母国語を話すという環境で育った場合、外国語アクセントが幾分か残ったまま、成人している。今後、職場で、100％英語の環境に入れば、変化があるかもしれないが、やはり、習得の度合いは、インプットの量と使用量が決め手であり、年齢だけではないと思わされるのである。

まとめると、個人差、学習方法、環境、他言語学習歴、など第二言語習得に影響する要因は数多く、断定するのは難しいが、成人になってからネイティブレベルに到達することは条件さえ整えば、そんなに難しいことではない、可能であるということである。ただ、統計的に、押しなべて似通った環境で第一言語を学ぶ子供たちに比べて、成人の学習環境はあまりにも多様で、単に学習歴XX年と言うのは、年間の学習所要時間が学童のように一律でないため基準にならず、多人数を調査した統計処理の結果では芳しい結果が出てこないことが多い。第二言語学習において自己の発音を注意深く聞き、上達させようとする学習者は臨界期を過ぎても高い発音レベルに達するということも知られている（Purcell and Suter: 1980）。“成人＝ネイティブレベル到達不可能”という公式は必ずしも成り立たない。従って以下のような条件がそろえば、発音学習の効果が上がると考えられる。

＜ネイティブレベルに達する条件＞

1）多量のインプット
目標言語を常に聞いている環境

2）厳しい採点者
不確かな発音は通じない環境

3）絶え間ない練習
自分自身で、発音、文法に気をつけ、練習する。

では、より早く発音学習の到達目標に達するために、日本語の場合何が必要となってくるのか、日本語の韻律、音素の両面において、実際の学習者の誤りを考察しながら、以下の章で考えていこうと思う。

2. 言語のリズム

日本語のリズムを考えるにあたり、韻律の構成、リズムの何たるかを知っておくことが必要である。この章では言語のリズムの構成単位、カテゴリー等を明らかにしておく。

2－1. リズムを構成するもの

人ごみの中や、遠くで人が話しているのを聞いた時、私たちはその言葉が自分の母語かどうか、または少なくとも、どの国の言葉みたいか、言い当てることができる。このような判断に使われる話し言葉の特徴が、その言語のリズムに当たる。さてでは、ある新しく学ぶ言語がどんなリズムを持っているかは、何によって決まってくるのだろう。これは実は音声に関することだけに留まらず、統語的なもの（文法）、意味論的なもの（意味）、語用論的なものなど、様々な要素が発話されるものに対して決定権を持ってくる。従って、発話レベルで考えれば、リズムは単に音声学的な面には限らないかもしれないが、一般的に言語のリズムと言う時は、際立たされた音の周期的に出てくるパターンを指す。強調された音が現れる周期、どうその音を強調させるかは言語によって様々である。そうした“言葉のリズム”の定義は、音楽のビートに似ていなくもない。ここでは素材としての音を言葉のリズムの構成要素として取り出して、そのメカニズムを解き明かしてみたいと思う。

話し言葉の構成要素は、分節素性（segmental features）、超分節素性（suprasegmental features）、韻律構成（prosodic organization）に分けら

れる。分節素性というのは、個々の音素、母音や子音のことである。超分節素性は、話し言葉の音声的特徴、声の高さ（pitch）、長さ（duration）、大きさ（loudness）など、その対象範囲が音素よりも大きいものを指す。これらが、単語、句、文のレベルで組み合わさり（韻律構成）、言葉のリズムを作り上げているわけだ。調音的、音響的、知覚的な面から、3つの要素は別々の名称で呼ばれている。

表1：話し言葉の構成要素

調音的	音響的	知覚的
声帯のひだの振動	基本周波数	声の高さ（ピッチ）
肺気量	強さ	声の大きさ
発話動作の時間	持続時間	声の長さ

＊この3分野にまたがる分布は複雑で、ここに表されているのは、その概要的なものだと思っていただきたい。

超分節というのは、韻律の要素が一音素以上にまたがっているのを意味する表現であるが、韻律と言う言葉は強勢、リズム、イントネーション、音調、ピッチ（高さ）アクセントなどの音韻的構成を指すのに使われる。用語の扱いは文献によって異なるため、統一して使われているものを選ぶのは難しいが、この本では言語の音韻的構成を指して、韻律と言う言葉を使うことにする。単語のレベルでは、言語のリズムは分節、及び超分節素性の組み合わせで成り立っているが、単語より上のレベルになると、イントネーション句や、文と言った統語面にもかかわる単位が問題となってくる。韻律構造の全体を述べるためにも、まず、韻律階層を示し、一番基本となる単位が何であるか、それを使ってどのようにリズムが構成されていくか、明らかにしてみよう。

2－1－1．韻律階層

言語の中のリズムの構成は、各韻律階層の中での際立っている部分の位置関係によって作られている。まず、Selkirk（1980）が提唱した韻律階層の概念を使って考えてみることにする。単語レベル以上の階層構造の名称にはいくつかのものが挙げられているが、Selkirk の用語を使うと、韻律階層は次のように表される。

イントネーション句（intonation phrase）
｜
音韻句（phonological phrase）
｜
韻律語（prosodic word）
｜
フット（foot）
｜
音節（syllable）
｜
モーラ（mora）

発話は一つか二つのイントネーション句から成り立っている。イントネーション句はまた、いくつかの音韻句から、音韻句はその下の層の韻律語からというように、ある階層での制限は必然的にその下の階層に影響を及ぼす。これを Selkirk は厳密階層仮説（Strict Layer Hypothesis）と呼んでいる。従って、韻律語は最低ひとつのフットを含んでいることになる。フットは強勢アクセントを使う言語において、アクセントの置かれた音節から、次にアクセントが置かれた音節までを言う。

←F→← F →

That is not a true story.

図１：フット

全ての言語はモーラか音節を韻律の最小単位としており、そのどちらかをとることにより、McCawley (1968) はモーラ言語、音節言語と呼び分けた。さらに Trubetzkoy (1969) は音節を数える言語、モーラを数える言語という呼び方をしたが、これは強勢アクセントを用いる言語に限ったことであり、全ての言語には当てはまらないので、McCawley は二つを合わせて、XX を数える XX 言語というように使った。つまり、英語は音節を数える音節言語といった具合である。確かに使う韻律単位によって、言語のリズムは大きく影響を受ける。韻律階層を下から順に説明していくため、まず、モーラと音節の何たるかを見ておこう。

2－1－2. 韻律の単位

2－1－2－1. 音節（シラブル）

音節と言うのは、母語話者が直感的に単語の中で数えられるものだが、その構造を説明するのは簡単ではない。英語母語話者ばかりの言語学の授業で、教師が“linguistics”という単語を示し、「この中に音節はいくつある？」と聞いたことがある。全員が即座に「３つ」と答えたものの、どう数えたか説明できる者は少なかった。音節は、言語学では音韻組織の説明に欠くことができないユニットであり、音韻的制約やアクセント規則を説明するのに必要なものである。にもかかわらず、音節は、80 年代の半ばまで統一された定義や音素との関係の曖昧さのため音韻論の中であまり顧みられなかった。ここでは、まず英語を使って、音節と音節構造の一般的な概念を紹介してみたい。

＜音節構造＞

音節の基本的考え方は、聞こえ度の度合いによる、聞こえ度配列原理（Sonority Sequencing Principle）に基づいている。聞こえ度とは、ある音を同じ長さ、強さ、高さの他の音と比べた場合の相対的大きさを意味する。聞こえ度を一つの尺度で測るのは、スペクトルの構造や発話動作の影響などもあって難しいが、一般的に母音の聞こえ度が一番高く、阻害音

（Obstruent）のそれが一番低いと言われている。Selkirk（1984）の提案する聞こえ度のインデックスは次のようになる。

音素	聞こえ度インデックス
a	10
e, o	9
i, u	8
r	7
l	6
m, n	5
s	4
v, z, ð	3
f, *θ*	2
b, d, g	1
p, t, k	0.5

最も基本的な音節構造はCV, VC, V, CVC（C＝子音、V＝母音）であるが、インデックスに見られるように母音は一番聞こえ度が高く、世界のほとんどの言語において音節の核に当たるものになる（Trubetzkoy: 1969）。フィージー語、ハワイ語その他のポリネシアの言語は母音の後に子音が来る音節構造を持たず、CV言語と呼ばれる（Goldsmith: 1990）。英語で可能な音節構造は、表2のようになる。

Peakは、聞こえ度サイクルのピークであり、音節の核になる。前後する子音はそれぞれ頭子音、末尾子音と呼ばれる。音節内の聞こえ度は核に向かって上昇し、核から音節の終わりに向けて下降する。例えば、単語“grasp”の中で[g]と[p]は[r]と[s]より聞こえ度が低い。聞こえ度配列原理を適用すれば、子音連続の並び方についても、なぜ[nt]（5＞0.5）[ls]（6＞4）と言った連続が頭子音のところで起こらないかと言うことも説明がつく。けれども、strandsのような説明のつきにくいものもあ

表2：英語の音節構造の基本形

単語	音節構造	頭子音	韻（Rhyme） 核（Peak）	末尾子音
I	V		aɪ	
it	VC		ɪ	t
go	CV	g	o	
pit	CVC	p	ɪ	t
grasp	CCVCC	gr	æ	sp
strands	CCCVCC	str*	æ	nz

る。[str]* の連続では [s] の方が [t] より聞こえ度が高いので聞こえ度配列原理に反することになる。

例：	4 －	0.5 －	7 －	10 －	5 －	3
	S	t	r	æ	n	z

同じようなことが“sticks”の複数の [s] でも起こってしまう。Giegerich（1992）はこれらを付属部（appendices）として音節の基本形からはずして考えた。appendices の部分を例外として扱えば、母体の音節の部分はひとつの聞こえ度のピークを中心に形成されている。聞こえ度サイクルは、発話の動作、口の開閉の動きとも連動しており、どの言語においても一番自然な区切りであると言える。

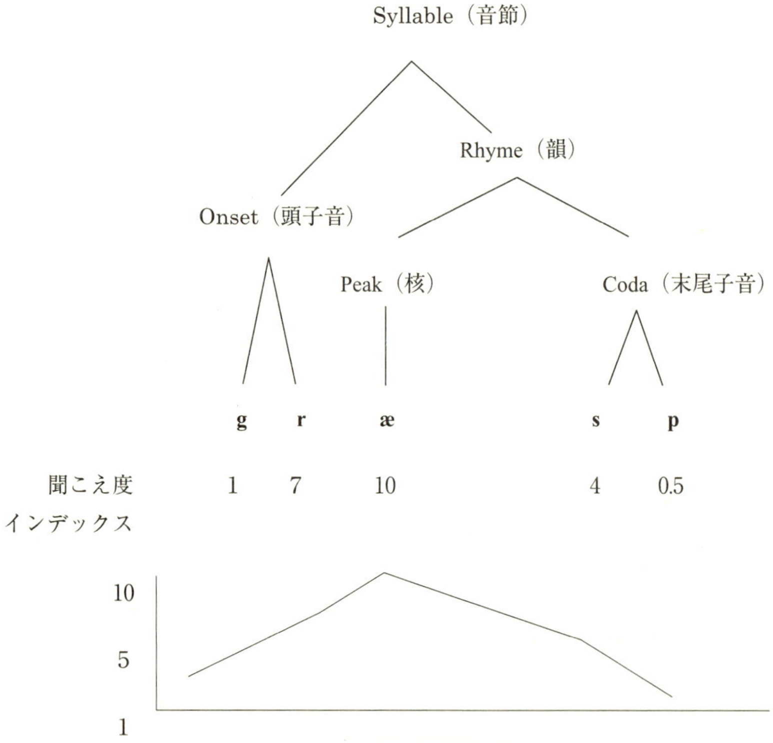

図 2：英語の音節構造

音節は、核と末尾子音から成る韻（Rhyme）を内部の構成部として持っている。核と末尾子音を一まとまりとする現象は、理論としても実証研究でも報告されている。３つの代表的な説を紹介しよう。

一つは「韻（Rhyme）の大きさが音節としての大きさの適切さを決定する」という説である。韻（Rhyme）の大きさは、X という時間のスロットを使って測られる（詳しくは、Lowenstamm and Kaye: 1986 参照）。音節のサイズは、核でも末尾子音のサイズでもなく、韻（Rhyme）の中の X の合計で判断され、それが３以上であってはならないと言われている。以下に見られるように右側の音節は、大きすぎて、音節として受け入れられないわけである。

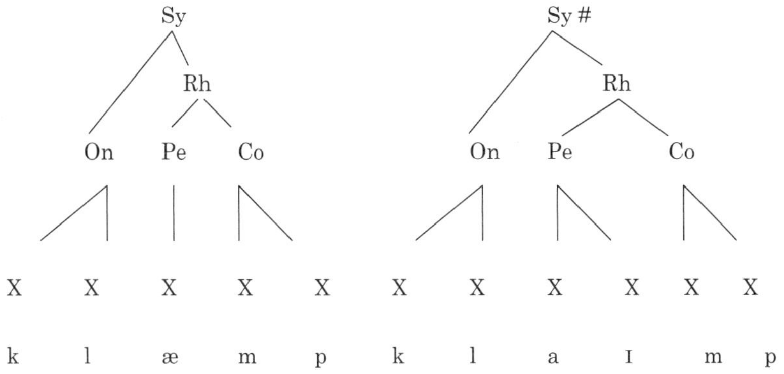

#＝ありえない例（illformed）

二つ目は、韻（Rhyme）の大きさがその音節がアクセントを持つかどうかを決定すると言うものである。もし、韻（Rhyme）が二つのXスロットを持つ枝分かれ構造をしていれば、重音節と呼ばれ、その音節はアクセントを持ちうる。そうでない軽音節はXスロットが一つのみで、次の項で説明されるような例外を除き、アクセントを持たない。

三つ目は心理言語学的実験によるもので、音節言語の話者は、音節を頭子音と韻（Rhyme）の境界で分節すると報告されている（Treiman: 1986）。実験の詳細は３－１－３．で述べられるが、この境界は言語に普遍的なものではない。また、韻は詩の脚韻としても用いられる。

＜分節法　(Syllabification)＞

聞こえ度配列原理は音節構造を説明するのに有益だが、それだけでは音節の境界を説明するのに、不十分である。例えば、“gymnast” と言う単語の場合、音節の区切り “gym-nast” を見つけるのは難しくない。では “patrol” はどうだろうか。これは、真ん中の子音 [t] をどう扱うかによって、３通りの音節の数え方が可能になる。

1）[pat][rol]
2）[pa][troll]
3）[pa[t]rol]

1）の分け方は、一つ目の音節になるべく末尾子音を多く取ろうとするものだ。[r] は、聞こえ度が [t] より大きいので末尾子音に入れられない。2）は1）の逆の、頭子音優先の原理（Maximal Onset Principle）と呼ばれる考えで、音節の中で頭子音になるべく多く取り入れることが言語の基本的音節構築の原理に順ずるとする（Selkirk: 1980）。3）は1）と2）を合わせたもので、[t] が二つの音節にまたがる扱いを受ける。通常、1）か2）が可能な分け方とされるが、頭子音優先の原理にのっとり、[t] を頭子音とする説が末尾子音よりも優勢である。しかし、最初の音節に強勢アクセントが置かれた場合、3）が有効となる。英語の音韻規則では、アクセントが置かれる音節は重音節でなくてはならないため（2－1－2－2．参照）、軽音節 [pe] にアクセントが置かれる“petrol”のような語の場合、[t] を重音節 [pet] の一部だと扱う必要がでてくるのである。

ここで紹介された音節の構造は、英語音韻論では確立されたものであるが、音節より小さい単位、モーラが音声学的にも音韻的にも重要な役割を果たしている言語も存在する。モーラはまた、英語の音韻論においても間接的な必要性があることが知られている。次のセクションでは、モーラの韻律のユニットとしての役割を定義しておこう。

2－1－2－2. モーラ

モーラという語は、古典ギリシャ語から来たもので、1848年 Donaldson のギリシャ文法書の中で使われていた。モーラは、もともと時間の単位を表し（Ladefoged: 1982）、子音一つと母音一つから成る最も単純な構造の音節であるが、強勢アクセント言語では、アクセントの位置を決定する音節量を測るために必要とされていた；『強勢アクセントが置かれる音節は二つのモーラから成る重音節で、一つのモーラから成る軽音節にはアクセントを置かない。』80年代、この考えはモーラ理論（Hyman: 1984, Hayes: 1989）として注目を集めた。音節量は以下のように韻（Rhyme）の中の構成要素によって決められる。

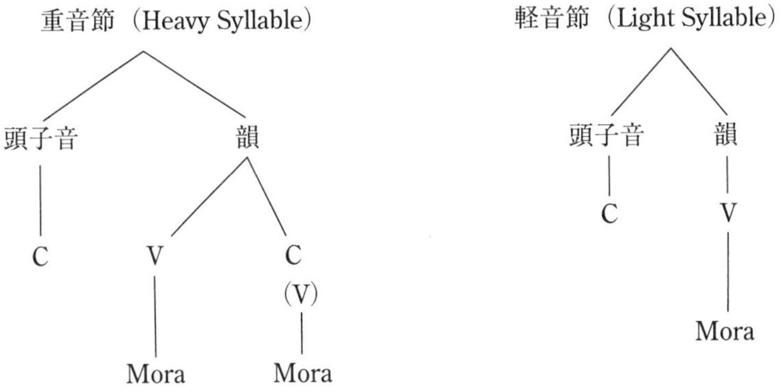

韻（Rhyme）の部分での音節の重さの数え方は、言語によって次のような違いがある。

表3：韻（Rhyme）の内部の構造

	Pattern 1	Pattern 2
重音節 （2 morae）	V + C V:（+C）	V:（+C）
軽音節（1 mora）	V	V（+C）
言語	Latin, English	Lardi, Khalka Mongolian

V＝短母音（lax），V:＝長母音（tense），C＝子音

（modified from Hyman:1984）

2つのパターンの違いは、CVCがパターン1では2モーラに、パターン

2では1モーラに数えられる点である。

モーラ元来の役割が音節量を測ることにあるのに対し、日本語ではモーラは言語リズムにおける時間をコントロールする役割を持っている。日本語やその他のいくつかの言語においては、韻律のユニットは、モーラを用いて説明することが最も適切であると言われている。この説の有効性については、次の章で述べることにする。

このように各言語においてモーラの役割は異なるが、モーラが最小韻律単位であることは共通する見解のようである。様々な理論において単語以下のレベルでの全言語に共通した韻律の単位を規定することが試みられたが、それが音節であるのか、モーラであるのか、またはその他のユニットであるのか、未だ解明されていない。

2－1－2－3. フット

音節やモーラは次のレベルの韻律ユニット、フットに属することになる。古典ギリシャ語のような言語は韻律構造をモーラに依存するが、英語などの言語は音節を使用する。フットの形状を説明する上で、フットに直接属しているユニットである音節を使う方がわかりやすいので、以下、音節を使って話を進めることにする。

英語を初めとする強勢アクセント言語にとって、フットは重要なリズムの担い手である。強勢言語においてフットのタイプを説明する要因は4つある（Hayes: 1985, Nespor and Vogel: 1986）。

1）音節量に左右される／音節量に左右されない quantity sensitive / insensitive
2）二項性／多項性 binary（bounded）/ N-ary（unbounded）
3）左優位／右優位 left-dominant / right-dominant
4）左方主要部／右方主要部 left-headed / right-headed

1）音節量に左右される／音節量に左右されない quantity sensitive / insensitive

これは、フットに音節量、つまり重音節、軽音節の違いを考慮に入れるかどうかということである。英語のように考慮に入れるものを quantity sensitive、そうでないものを quantity insensitive と呼んで区別する。

2）二項性／多項性 Binary (bounded) / N-ary (unbounded)

音節内のフットの数は二つか、それ以上である。例外的に一つの音節で一つのフットを構成することもある。フットの二項性は、韻律強勢理論（Lieberman and Prince: 1977）以来注目を浴びるようになった。単一音節でフットを構成する言語はまず無いことを受けて、McCarthy and Prince（1995）は、音節単位であろうがモーラ単位であろうがフットは二項であるとするフットの二項性（Foot Binarity）を提唱した。フットの二項性は確かに強弱、弱強の区別がある強勢規則を説明するにも便利である。奇数の音節から成る単語ではフットを数えるのが難しいと言う点はあるが、自然な動作のリズム周期から考えてもフットの二項性は多項性よりも適していると言える。動作の周期と言うのは、あるリズムが交互に繰り返されるか、連続するかのどちらかであるのだから。しかし、二項フットにも数え始める方向をどちらにするかという厄介な点があり、多項フットの場合、強い音節がそのフットのヘッド（Head）として一つだけ、その言語にある規則によって決められる点が単純明快と言える。

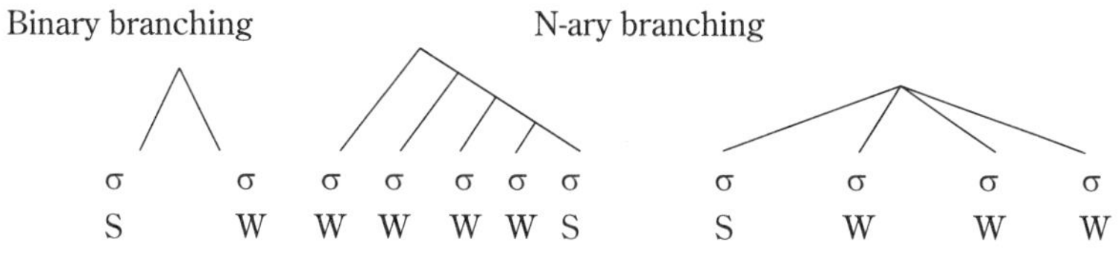

本書では英語と日本語に関する法則を問題としているので、どちらの構造が適切かという議論はおいておき、両言語において強い支持のある二項フットについて見てみることにする。

3）左優位／右優位 left-dominant / right-dominant

どちらの端から交互する強勢、弱勢のリズムを数えるかと言うことによって、フットは二通りに分かれる。

a）左から右

1 . Stress first　#XxXxXxXx....　→

2 . Stressless first　#xXxXxXxX.....　→

b）右から左

1 . Stress first　... xXxXxX#　←

2 . Stressless first　.....XxXxXx#　←

右から数える言語というのは思い浮かべにくいが、フィリピンの Aklan 語は右から強勢を数え始める。（例：bi’ sa, ‘bisa’ hi）

4）左方主要部／右方主要部 left-headed / right-headed

交互のリズムが、強勢から始まるか弱勢から始まるかも考えに入れなければいけない要因だ。英語のフットは常に強勢から始まり弱勢の音節が続くが、二項フットの場合、強勢が右端に置かれるか左端に置かれるかでタイプが分かれる。

Left-headed foot　Right-headed foot　Degenerate foot

作詩法の用語を使い、Left-headed foot は強弱格（trochaic）, Right-headed foot は弱強格（iambic）と呼ばれる。奇数の音節を持つ語の場合、単独音節で一つのフットを構成することもある。

上記の四つの要因を使うと、英語のフットは二項性 , 音節量に左右される（quantity sensitive）、左優位（left dominant）、左方主要部（left-headed）のフットということになる。強勢アクセントを持たない言語では、その他の韻律ユニットが存在しない限り、音節やモーラが直接、単語に所属することになる。強勢アクセントを持たなくても独特の定義でフットを持つとする、日本語については次章で取り扱う。

2－1－3．韻律構成

以上、紹介された韻律ユニット、モーラ、音節、フットは、様々なレベルで声の大きさ、高さ、長さを用いて、各言語に特有のリズムを作り上げている。さて、韻律パターンの組み合わせ方法はアクセントと音調（tone）の２種類に分かれる。ここでは、単語レベルの韻律構成を理解するのに必要な基本的な概念を紹介しよう。

2－1－3－1．アクセントと音調

アクセントは単語のある部分をその他の部分より際立たせるものであり、句や文の中で統語関係を示す役割も果たす。例えば、“blackbird”と“black bird”の意味の違いは第一と第二音節のどちらにアクセントを置くかによって区別される。つまり、アクセントは文脈によって、後から単語に加えられる要素である。一方、音調は単語の意味を決定するために最初から備わっている要素である。音調は単語の各音節に声の高低で示され、例えば、中国語では、同じ音素に音調の違いだけで４つの違う語が成立する。

ma	∨	low falling rising tone	下降上昇（馬）
ma	—	high level tone	平板（母）
ma	／	high rising tone	上昇（麻）
ma	＼	high falling tone	下降（叱る）

このように、アクセントと音調は韻律組織の中で両極を成す位置にあるわ

けだが、これは両者の成立してきたバックグラウンドに負うところが大きい。音調は分節音を区別するためにできたものであり、アクセント型は、音調の再編成か（Clements & Goldsmith: 1984 cited in Beckman: 1986）、イントネーションの語彙化（Hyman: 1984）の一環として現れたと考えられている。

そうしてみると、アクセントと音調は両極と言うより連続線上の両端に位置すると見たほうがよいかもしれない。アクセントの中でも、ピッチアクセントのようにアクセントを声の高低のみで表し、それによって同音異義語の区別をするという、音調システムに非常に似通ったものもある。しかし、強勢アクセントは声の長さや大きさをも使って表されるため、音調システムとは根本的に相容れないものである。ピッチアクセントと音調の区別については、次章で日本語の例を使って取り上げる。

2－1－3－2. アクセントのしくみ

Beckman（1986）はアクセントの範疇を強勢アクセントと非強勢アクセントに分けて考察している。強勢は様々な超分節素性を使って示される抽象的な概念であるが、英語の場合、声の高さ、大きさ、長さを使ってアクセントを示し、日本語やその他の言語の場合は、声の高低を使ってアクセントを表示する。まず、強勢アクセントのしくみから説明しよう。

＜強勢アクセント＞

単独の単語において、強勢を受けた音節は受けない音節よりもより高く、大きく、長く発話される。声の高さ、大きさ、長さの中で、古くは大きさが最も重要な要素だと思われていた（Jones: 1969）。しかし、数々の実験の結果、長さ（Fry: 1955）や高さ（Bolinger: 1958）のほうが英語話者の聞き手にとってより大切なアクセントの手がかりであることがわかった。Fry（1958）は強勢の位置が品詞の違いに影響する“PERmit（名詞）、perMIT（動詞）”のペアを使い、三要素のアクセント知覚への効果を調べた。声の高さ、大きさ、長さを五段階で変化させ、被験者に名詞と動詞のどちらと判断したかを聞いたところ、声の高さと長さが重要な手がかりとして使われたが、大きさはそれほど重視されなかった。加えてFryは文全体のイントネーションも強勢アクセントの知覚に影響を及ぼすことがあるため、声の高さの方が長さよりも少なからず役割が大きいことを示唆した。強勢アクセントの判断には一つ以上の要素がかかわっているということがわかる。

Fryの言葉どおり、強勢アクセントの韻律的特徴は、文中で常に同じと言うわけではない。Eady et. al（1986）は文中フォーカスの中で、単一フォーカス対複数フォーカス、一単語対句全体へのフォーカスが置かれた環境下で、アクセントが置かれた母音の高さ、長さを比較してみた。

例："Jeff gave the ball to the cat" を次の質問に答える形で発話する。

(A) What happened?　文全体へのフォーカス
(B) What did Jeff do?　句全体へのフォーカス
(C) What did Jeff give the ball to?.　単一フォーカス

Eadyのグループは単一フォーカスの語には母音の高さ、長さの増加がはっきりあったが、フォーカスが一つ以上の箇所に行く場合、その違いがあまり見られなかったと報告している。

文中の各音の時間長は句末、語末、パラグラフ内の位置にも影響される。Klatt（1976）は時間長に着目して研究し、強勢アクセントも文中の各音素の時間長に影響する多数の要因のうちの一つであると述べた。長さだけでなく、声の高さや大きさも語や音節の文中における位置によって変化すると考えられる。また、句や文の抑揚が単語の中の強勢アクセントの声の高さを打ち消してしまうこともある。（例："You live in Sydney?" と聞き返した場合の "Sydney"）しかし、全体として、声の高さが最も重要な強勢アクセントの要素であるという事実が浮かび上がってくる。

＜非強勢アクセント＞

強勢アクセントを持つ言語では、強勢の置かれた音節で声の強さ、持続時間、高さが、それぞれ程度の違いはあるにせよ、増加することがわかった。強勢アクセントを持たないアクセント言語、日本語などは、高さのみを使って、アクセントを示し、他の二要素は、あまり重要とされない。無論、強調された語が、長く強く発音されることはあるが、日本語での強調の仕方は、強勢アクセント言語とその使用、度合いが違う。しかも、極端な音の伸長は語の意味を変えることになりかねない。そのため、日本語のアクセントにおける高さの役割は際だち、ピッチ（高さ）アクセント言語と呼ばれる所以となる。

Beckman（1986）は英語と日本語のアクセントの音響要因を比べ、日本語のアクセントを置かれた音節の強さや長さはあまり変わらないことを発見した。Beckman は、２音節からなる英語と日本語の単語（例：か'み、かみ'、su'bject, subje'ct）のアクセント音節の長さ、高さ、強さ、スペクトルのパターンを元の音声から少しずつ変えたものを合成して32通り作り、英語と日本語の母語話者と両言語のバイリンガルに聞かせ、アクセントが１番目と２番目のどちらの音節にあるか五段階のスコアで判断させた。結果は英語、日本語とも基本周波数（声の高低にかかわる―表１参照）がアクセントの有無の判断に最も強く影響を与えていた。３被験者グループとも日本語の刺激語に対しては、英語の刺激語に対してより基本周波数に頼った判断をしていた。しかし英語の刺激語を英語の母語話者が判断する時は、他の３つの要因も使っていたことがわかった。

佐藤（1995）は、第二言語話者の発話を使って、日本語におけるピッチの重要さを示した。日本人母語話者と韓国人、中国人学習者の発音の中のピッチ、長さ、強さ、音素を組み替えて28サンプルを作り、母語話者にその自然度を七段階で採点させたところ、正しいピッチを含むサンプルが自然度の高得点を出す結果となった。

このように、強勢アクセントにおいても非強勢アクセントにおいても声の高さが長さや大きさよりも重要な韻律の要素であることは明らかである。次にこれらのアクセントがどのような間隔で出てくるか、つまり、リズムのカテゴリーを考えてみたい。

2－2. リズムのカテゴリー

2－2－1. 強勢アクセント基準リズムvs音節基準リズム再考

Pike (1945) によると、リズムの体系において、世界の言語は強勢アクセント基準リズム (stress-timed language) と音節基準リズム (syllable-timed language) の二つのグループに分かれると言われている。強勢アクセント基準リズムは強勢アクセントから次の強勢アクセントまでの間が、音節基準リズムでは音節の長さそのものが、等しい時間を保つようにリズムを刻むとされる。例えば、音節基準リズムでは4音節語は3音節語より長くなるが、強勢アクセント基準リズムでは音節数は時間長を左右しない。強勢アクセントが一つであるAme'ricaとtoma'toは音節数が違っても同じくらいの長さで発音されることを見てもわかる。強勢アクセント基準リズムを用いる主な言語は英語、ロシア語、アラビア語、音節基準リズムの代表的な言語はフランス語、スペイン語、日本語などである。中でも日本語はほとんどの音節が基本モーラと一致しており、モーラ基準リズムと呼ばれている。その他、どちらとも言いがたい言語、(イタリア語、ギリシャ語) も存在する。

Pike以来、リズムに関する議論は、強勢アクセント基準リズムと音節基準リズム、そして、その基準間の等時性に集中してきたが、等時性という言葉は、その存在自体論争のターゲットになってきた (Lehiste: 1977, Nakatani, et al.: 1981, Dauer: 1983)。Nakataniらは、英語話者を使い、音素を排除した無意味語を使って、無アクセント、第一アクセント、第二アクセントのある語のアクセント間の長さを測った。語の長さは、音節数が増えれば、同じアクセント間でも増えていくことがわかり、英語の強勢アクセント間に厳密な意味での等時性が存在しないことを証明した。Dauerも読み上げられた小説の一部を使い、スペイン語と英語の両方を比べ、同様の結果を得た。下の表を見ると、アクセント間の長さは、両言語ともその間にある音節数によって増えているのがわかるだろう。

表4：アクセント間の長さの平均（in cs）

	アクセント間の音節数						
	1	2	3	4	5	Mean	Mean rate syll/s
A-English	30	43	54	65.5	68	48	5.0
B-English	29	39	50	54	66	45	5.9
G-Spanish	22	37	52	60	71	52	6.1
C-Spanish	20	32.5	42	54	65	48	7.2

（Dauer: 1983）

A-English ＝ American English　　B-English ＝ British English
G-Spanish ＝ Castilian Spanish　　C-Spanish ＝ Cuban Spanish

Delattre（1966）は、スペイン語の音節間の等時性を調査した。やはり、音節基準リズムの言語であっても、アクセントをおかれた音節は、そうでない音節より、平均1.3倍は長くなることを確認した。強勢アクセント基準リズムを持つ英語では、その違いがさらに大きく1.5倍であった。

加えて、音節基準リズムの言語とされたフランス語の言語学者たちは、リズムを既述の２つに分けると言う考えに異議を唱えだした。Wenk and Wioland（1982）は、アクセントをリズムグループの終わりに持つフランス語を、アクセントが始めに来る英語に対して、アクセント後置リズム（trailer timed）と呼ぶことを提案した。フランス語の強勢アクセントは、アクセントのピークの後で、長さと声の高さが増加するが、声の大きさは変わらないためである。Selkirk（1980）は、フット構造内の違いをとりあげ、フランス語と英語の違いを説明しようとした。フランス語のフットは、一つか二つの音節でできており、第二音節はあいまい母音（schwa）で消えがちである。そのため、その音節は、表面上は単音節となり、各音節がみな強調され、スタッカート的な連続リズムを作り出す。一方、強勢アクセント基準リズムは多音節で構成されるフットが多いため、強弱の連続を生み出すことが可能になる。

こうしてみると、最初にあげた二つのリズムカテゴリーは単に傾向に過ぎず、規則ではないことがわかる。日本語では、強弱リズム交替はさらに弱まり、各音節が同じ長さを持っているかのような印象を与える（次章参照)。各言語は、どの程度、強勢アクセントを基準としているか、音節を基準としているかにより比較でき、リズムカテゴリーは強勢アクセント基準から音節基準への連続線上で考察できると考えられるだろう。

Syllable based → Japanese French Spanish Greek English **→ Stress-based**

厳密な意味での等時性はどの言語においても見つけられない現状を考えると、この解釈は妥当と言えるかもしれない。等時性というのは、話し言葉とは違う作詞などにおいてのみ存在するものなのだろう。また、Allen（1975）の言う「知覚のマグネット効果」:『聞き手は、時間の間隔を平均値に近づけて聞こうとする傾向がある。』によるものも否定できないのではないだろうか。

2－2－2. 分節音がリズムに与える影響

分節音の特徴もリズムの形成に大きな役割を果たすという説を検討してみよう。Dauer（1983）は、私たちが言語間で感じるリズムの差異は、話し手が強勢アクセントや音節間の長さをコントロールするという努力よりも、その言語の音韻的、音声的、語彙的、統語的特徴の合わさった産物であると考えた。彼は、英語、フランス語、スペイン語、を使い、音節構造と母音の弱音化も言語のリズム感に貢献していることを示した。表5は、

Dauerの表に日本語の結果も付け加えたものである。

表5：英語、スペイン語、フランス語、日本語の音節のタイプ

	英語	スペイン語	フランス語	日本語（大竹：1990）
開音節（－V）	44%	70%	74%	92%
閉音節（－C）	56%	30%	26%	8%

開音節は、いわゆる音節言語では多く見られるが、英語では、音節構造が多様なため、閉音節の方が多くなる。また、多様な閉音節は、様々な長さの音節を生む。強勢アクセント言語において、無アクセント音節の母音が弱められることもリズムの形成に影響する一因である。例えば、アクセントが置かれない母音は /hɪm/ -> /ɪm/ -> /əm/ というように、あいまい母音化（centralized）される。音節言語にも弱音化は起こるが、その場合、音節が丸ごと消えてしまい、新たに等間隔の音節が作り出される。（例：e.g. “chez’ le garcon” -> /ʃel gar.so/）（Dauer: 1983）これらの特徴は、各言語のリズム的特徴をさらに強めるのに役立っていると思われる。

その他、言語には、分節音に共通する一般的な傾向として、時間長に影響する以下のような点がある。

1）無声子音に続く母音は、有声子音に続く母音より長い（Klatt: 1976）。

2）低母音（a, o）は高母音より、長い（Port, et al.: 1980）。

3）句末、文末の音節は、文中の音節よりも長くなる。

いずれも実験などの際には考慮に入れて、かからなければいけない点である。

2－3. まとめ

言語のリズムは、リズムの構成単位、つまり、モーラ、音節、フットのいずれかがリズムの構成要素である声の高さ（ピッチ)、大きさ、長さの組み合わせを担うことで構成される。語の一箇所にアクセントを置く方法か、音調を用いて語の意味を形成していくかによって、言語のリズムはアクセント言語、音調言語と大きく二つに分けられる。しかし、アクセントも音調も声の高さ（ピッチ）を構成要素として用いるという点においては共通している。またアクセント言語の中でも、声の高さのみによってアクセントを示すピッチアクセント言語は、強勢アクセント言語とアクセントの特質を異にする。

リズムの体系は、強勢アクセント基準リズムと音節基準リズムに二分される。しかし、強勢アクセント基準リズムを用いる英語と、音節基準リズムを持つ日本語、スペイン語などとの間で、アクセントが置かれた音節の時間長を比較した結果、双方のリズムは全く別種のものと言うよりも、各基準に近づこうとする傾向であるということがわかった。そうすると、各言語のリズムは単に同じ構成要素の異なった組み合わせと考えられなくもない。だが、リズムのカテゴリーがかけ離れた言語ほど、習得に時間を要するということは確かであろう。

3．日本語のリズム

では、言語のリズムの構成要素、カテゴリーが明らかになったところで、日本語のリズムを考えてみよう。日本語の韻律の階層のモデルとしては、モーラをどこに位置づけるか、日本語がフットを必要とするかどうかによって、4通りの可能性が考えられる。

1）韻律語	2）韻律語	3）韻律語	4）韻律語
フット	フット	2モーラフット	
音節	音節		音節
モーラ		モーラ	モーラ

1）は、前章で紹介されたモデルと同じである。モデル2）は音節のみで説明できる音韻構造の言語に適応できる。モデル3）は、2モーラを1フットと数え、モーラをフット下に存在する唯一つのユニットとする、音節の概念を排除したモデルである。モデル4）は、フットは非強勢アクセント語には存在しないことを示唆する。日本語音韻論研究者の間では、3）と4）の、どちらが日本語に適切であるか、議論が続いている。この章では、日本語の単語レベルでの韻律ユニットを明らかにし、その構造を説明してみたい。

まず初めに日本語におけるモーラの特性を探り、それに関連する音節の必要性を議論する。その後、日本語の韻律構造の中の2モーラフットの信憑性を検討することにする。

３－1. 日本語におけるモーラの重要性
― 単にカナの影響ではない？ ―

基本形が子音と母音の組み合わせであるモーラは、日本語の韻律の中で重要な位置を占めている。基本形１）の他に日本語のモーラには次の４つのタイプがある。

	例
１）(C) V	か
２）CjV	きゃ
３）R（長音）	かあ
４）N（撥音）	ん
５）Q（促音）	さっか

図３：日本語のモーラの種類

日本語の中の60％強のモーラがCVタイプと呼ばれる１）か２）で、残りのタイプ３）～５）は特殊モーラと呼んで区別される（Otake, et.al.: 1993)。古代日本語は全て、CV, V, CjVのパターンであり、特殊モーラは中国語からの借用が始まった後から生まれたものだと言われている（Vance: 1982)。モーラが日本語のリズムを語る上で欠かせないとされる訳は、日本語の表記、カナがモーラと一致することに一因がある。また、日本語は表記と発音が１対１の対応をする表音文字である。モーラと音節のどちらが日本語の韻律ユニットとして適しているか、様々な議論が繰り返されてきたが（金田一: 1986, Kubozono: 1989, 1995, Otake, et. al.: 1993)、結論は出ていない。まず、モーラが音節に勝るとする説を音声学、音韻論、言語心理学の３つの観点から検討してみよう。

3－1－1. 音声学的根拠

和歌や俳句の中で数える音節がモーラ使用の例としてよく挙げられる。例えば3行詩の俳句は、5，7，5モーラという長さの規則があるが、これはカナの数を数えることによって、簡単に達成できる。

Shi n shi n to	(5)
u me chi ri ka ka ru	(7)
ni wa bi ka na	(5)

金田一（1986）は、モーラこそ日本語の音節に当たり、日本語の韻律はモーラのみで説明できると主張する学者の一人である。モーラを意味するユニットとして金田一は“拍”という用語を使い、他の学者はシラブル（syllable）の直訳である“音節”を用いた。例えば、日本語の“べんきょう”という言葉は次のような構造を持つ。（この本では、混同をさけるため、英語と同じ syllable の意味でのみ音節と言う言葉を使うことにする）

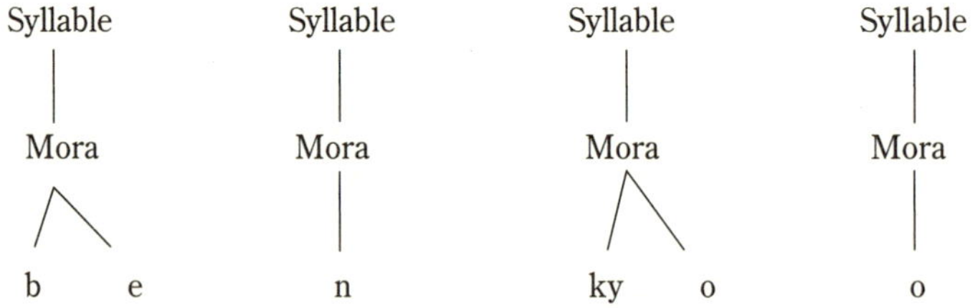

しかし、金田一はカナの使用をベースとした一般的観念の他に、“拍”の存在を裏付けるものを何も提供しなかった。

Han（1962）はスペクトログラフを使った最初の実証研究を行い、モーラ数の増加は、単語の実際の長さの増加を促すことを証明した。Han は長母音と短母音の長さの比が2：1になることを示し、モーラ内では音素が互いの長さを調整し、モーラの長さを均一に保とうとしていると主張した。例えば、モーラ /pa/ においては、/p/ が比較的長い子音であるため、/a/ が他のモーラ内の /a/ よりも短くなる現象で、補償効果と呼ばれている。Han の主張は補償効果の提唱の中でもモーラ内での現象に制限したバージョンで、他の研究者によって定義されている補償効果と異なっている。Hoequist（1983 a, b），Homma（1981），Port, et al.（1980，1987）は単語内でモーラの境界を越えて起こる時間補償効果を研究し、同じモーラ数の語は長さも一定していることから、日本語はモーラ言語であるという結論に至った。以下のように二つの単語「くか」と「くが」を比べると、補償効果がモーラの境界を越えて起こっている様子が見られる。この測定は、10 人の母語話者が２語を発音したものの平均を取っている。各モーラ自体の長さを見てみると、不均等なのがわかるだろう。

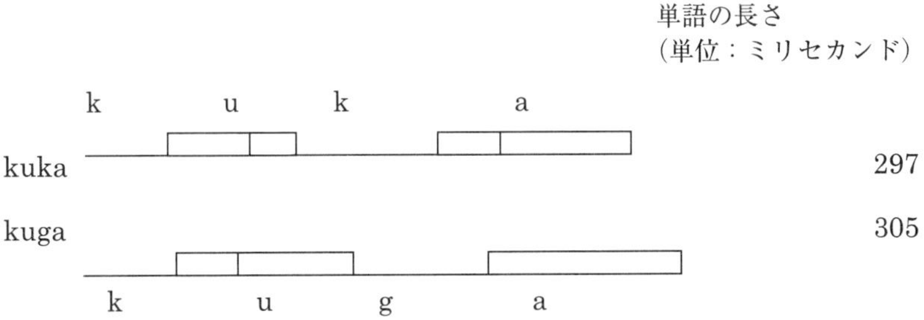

（Port et al.: 1987）

＊「kuka」の最初の母音「u」はほぼ無声化されている。
＊棒線は、最初の子音「k ／ g」の長さを示し、二つの長方形は声帯振動開始時間と母音の長さを表す。

Port らの主張や Han の示すモーラの等時性に対する反論もある。彼らの研究を再現した上で、Beckman（1982）はサンプルサイズの小さいことと、言語に普遍的な音声学的要素が結果に影響を及ぼしていることを指摘し、異議を唱えた。Beckman は先行研究の主張を元に次のような仮説を立てた；『モーラ理論によると、無声化した母音を持つモーラの子音は１モーラ分の長さを持つか（Han のバージョン）、少なくとも他の環境にある同じ子音より長くなくてはいけない（Port, et. al のバージョン）。また、２

モーラ語は１モーラ語の２倍の長さがなくてはいけない。』しかし、75のテスト語を使い、より広い子音環境の中で調べた結果、無声化した母音を持つモーラの子音は、そうでないものより54%の長さの増加を示しただけであり、また２モーラ語は１モーラ語の1.66倍にしかならないことを証明した。よって、Beckmanはモーラの等時性を支えている心理的背景はカナ表記のみであるという結論を出した。Port (1987) もモーラの等時性は否定したが、Beckmanの指摘を確定的なものにするには１，２モーラ以上の語による測定も必要であると反駁した。Beckmanの述べた言語に普遍的な音声学的要素には以下のようなものがある。

—有声子音の前の母音は、無声子音の前より長い (Ladefoged: 1982)

—母音 [i][u] は [a][e][o] より短い

無声子音間や文末にかかる日本語の [i][u] は無声化する。Hanはこれを話速が上がるにつれて、その短い有声の持続時間を維持しにくいためとしている。[u] を１とすると、他の母音の長さの比率は次のようになる。

[i] 1.17　[o] 1.26　[e] 1.37　[a] 1.44　Han (1962)

音声学上、全てのCVモーラが同一の長さを保てるとは考えがたいが、補償効果の概念は日本語母語話者がモーラ（＝カナ）の数によって語の長さを調整しようとする傾向があることを、反映していると思われる。

3－1－2. 音韻論的根拠

モーラを音節の概念のもとで扱う場合、特殊モーラを含む２モーラを長音節（重音節）、１モーラのCV, CjVを短音節（軽音節）とするのが普通である。この概念を用いると、モーラの役割は音節に従属的なものとなり、モーラはsub-syllabicユニットと呼ばれる。従って、“べんきょう”という語の音節構造は、次のように描かれる。

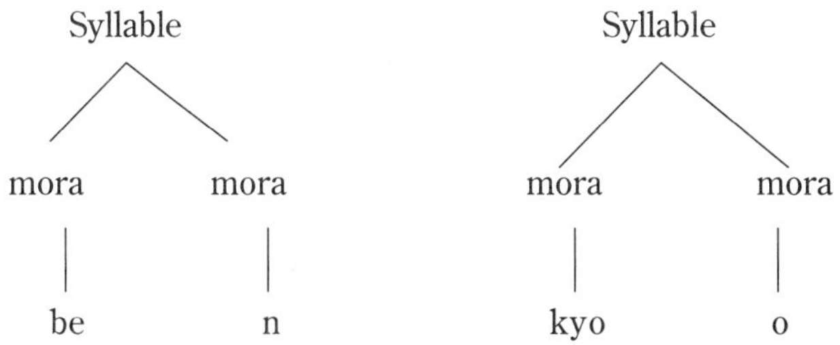

有坂（1940）は、２モーラの連続 CVN が一般的に１音節として発音されていることに注目し、モーラと音節の両方が日本語に存在することを認めた。有坂は CVN を音声シラブル（phonetic syllable）、モーラ区分をした CV と N を音韻シラブル（phonological syllable）と呼んで区別した。
確かに、ピッチアクセントの規則には、モーラだけでは説明できない現象が存在する。それは、長音節では最初のモーラだけにピッチアクセントが置かれ、二番目の特殊モーラには置かれないという点である。借用語の例を挙げてみよう。借用語は普通、後ろから三番目のモーラにアクセントが置かれるが（例：テ’レビ、プログ’ラム）、後ろから三番目に特殊モーラがきた場合、アクセントは後ろから四番目のモーラに移る。（エレベ’ーター、マ’ンション）よって、アクセントの位置については音節の概念が必要になってくる。この点を取り上げて、McCawley（1968）は日本語はモーラを数える音節言語（a mora-counting syllable language）であるとした。日本語の音韻規則はモーラの数によって左右されるが、韻律のユニットはモーラではなく音節だというのである。他の研究者たちも借用語のアクセント規則はモーラよりも音節の方がより良く説明できることを発見した。Yoshida（1990）は規則を次のように説明した。

> 借用語の最後の三つの音節がみな CV 音節である場合、最後から三番目の音節にアクセントが置かれる。しかし、最後の音節か最後から二番目の音節が特殊モーラを含む場合は最後から二番目の音節に置かれる。

しかし、この規則は平板型を持つ“アメリカ”中高型の“ツイン”などを説明できない。窪園（1995a）はこれらの例を音節量を考慮することで解決しようとした。

1．例外となるものは“軽音節＋重音節”の構造を含んでおり、語形成時に最初の音節に母音挿入が起こっている。

e. g. dry → dorai,　blue → buruu

L　HL　　L　HL　（pitch pattern）

2．平板型の語は4モーラ語であり、最後の2音節はともに軽音節である。

e.g. amerika, Arizona　（LHHH）

まだ、これらの規則で説明できない例外もあるが、その数は僅かである。窪園が、モーラを音節量のユニットとして使うという他言語におけるモーラの役割を使用したことは注目に値する。ここで明らかになったことは、日本語の音韻規則にはモーラと音節の両方が必要であるということである。

3－1－3. 心理学的根拠

話者は自身の言語心理に基づいて、知覚した語をその言語の韻律ユニットに分けてゆく。日本語話者は、通常カナ、つまりモーラのユニットを使う。例えば、「べんきょう」という言葉を、よく聞き取れなかった人にゆっくり繰り返して発音するように言った場合、話者は「べ・ん・きょ・う」とカナに呼応するユニットに分けて、発音するだろう。日本語におけるモーラ分節については、発話エラーの分析、音素同定テスト（phoneme detection tests)、混成語形成（word blending）, など様々な実験が行われてきた（Kubozono: 1989, Katada: 1990 Otake et al.: 1993)。窪園は、促音や長母音の分離など、日本語に独特な置換ミスや混同ミスを報告している。

a）zju.u -go pa.a - se.n - to　（15%）

-> zju.u - go pa.**n** - se.n - to

b) ko - ma.t - te i - ru (be in trouble)

- > ko - ma.**n** - te i - ru

英語の音節内における境界は、頭子音と核の間にある。Treiman (1986) は実験の結果、英語母語話者にとって、頭子音と核の間がもっとも自然な境界であることを証明した。顕著な例は、二つの音節を組み合わせて、一つの音節にするよう指示した言葉遊びに見られる。C/CVCC, CC/VCC, CCV/CC、CCVC/C の組み合わせの中で、英語話者には CC/VCC の分節、つまり頭子音と核の間で分けたものが最も学習が容易であることがわかった。同じ結果が C/VC と CC/V を使った実験でも得られている。これに対して、窪薗の報告した a) CV/V, b) CV/C の二例や例 a) の母音と子音の置換ミス (pa.a̲->pa.n̲) は、日本語に独特な音節構造を証明するものだと考えられる。

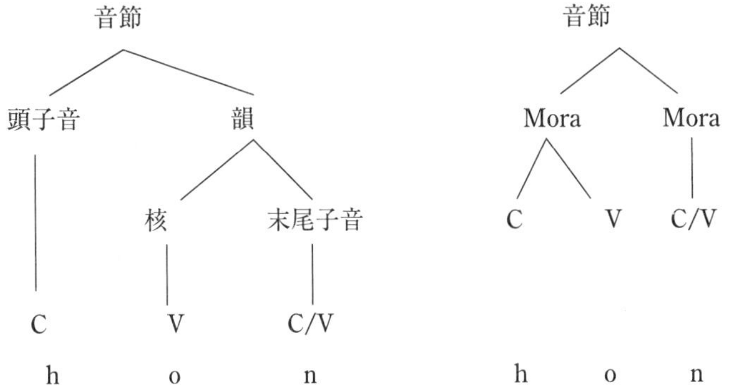

1）英語の音節構造　　2）日本語の音節構造

図 4：日本語の単語 /hoN/ に見られる音節構造

これらの音節構造の他に、韓国語では頭子音と核から成る “Body” という音節内部単位が報告されている。Yoon (1994) は韓国語で混成語形成の実験を行い、53%～67%（先行子音のタイプによる）の割合で核と末尾子音の間の境界が頭子音と核の境界よりも好まれることがわかった。この数値は、窪薗がC / VCとCV / Cを使った実験（1995b）で得た79%という割合に比べると、さほど高くはないが、韓国語のCVC音節の数は日本語より多いことを考慮に入れると有意な結果と言えるかもしれない。しかし、“Body”という単位の日本語への適応は難しいだろう。なぜなら、CVVをCV—Vの2単位に分けるモーラの概念を説明することができないからだ。少なくとも“Body”の存在は、韻が言語に普遍的な音節の内部構造ではないことを物語っていると言えるだろう。

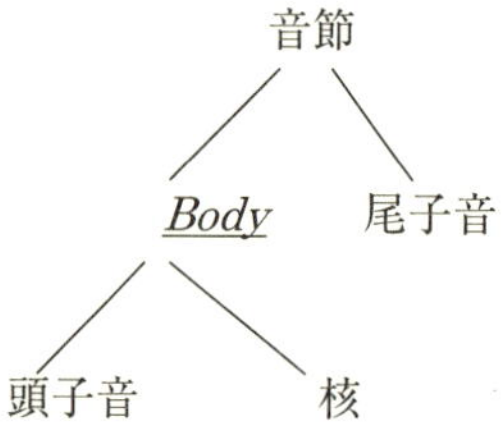

（Yoon:1994）

知覚におけるモーラ分節に関しては、Otake et al.（1993）の刺激語同定テスト（target detection test）を用いた実験が報告されている。音節分節を用いるフランス語話者を使った実験ではCV音節はCVCVCVの語で、CVN音節はCVNCVの語の語頭でより早く知覚されるが、日本語話者を使った実験ではその差は検出されなかった。しかし、この結果は単に刺激語の語頭がカナと一致したためともとれる。つまり、刺激語“ta”は“tanshi（たんし）”でも“tanishi（たにし）”でも同じカナ“た”で表されるが、“tan（たん）”は“tanishi（たにし）”と表記の一致がない。

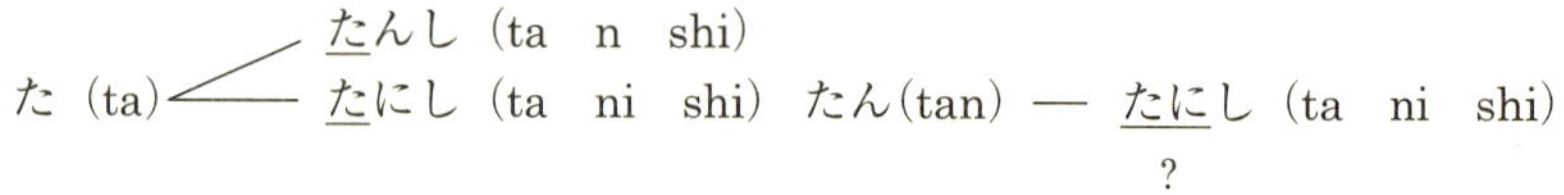

したがって、刺激語を知覚した後被験者が心理的にカナに反応したの

か、モーラに反応したのか判断が難しい。大竹自身、1992年の知覚テストでは、異なった結果を得ている。40人の日本語話者にCVV音節を語頭に持つ８つの単語を聞かせ、自然な切れ目で、単語を区切るように指示したところ、70％の被験者がCVVを一単位とした。（刺激語はローマ字で書かれていた。）２つの実験結果の相違は、実験方法の違いにあるのかもしれないが、次のことを示唆していると言える。

１）特殊モーラを含む場合、音節単位の分節が起こりうる。

２）カナ表記による影響がなければ、いつもモーラ分節が起こるわけではない。

一方、窪園は刺激語を英語で示し、カナ表記の影響を取り除いた。窪園は日本語話者にCVCの構造を持つ二つの英単語を分節、融合し、一つのCVCの構造の単語を作りだすよう指示した。結果は、大多数が核と末尾子音の境界、CV／Cで語を分節することがわかった。これは明らかに、カナ表記がなくとも、日本語話者の語の分節には心理的にモーラの存在が強く働いていることを意味する。まとめると、モーラは語の分節において重要な役割を担っているが、その効果は、CV音節においてのみ断定的に現れると言える。

3－1－4．結論

歴史的に見ても、CV音節、つまりモーラが日本語の音韻の中心的存在であることは明らかである。もし日本語に特殊モーラが存在しなければ、英語のような音節の概念は全く必要ないわけだ。しかし中国語からの漢字の導入は特殊モーラを生み、漢字で書かれた語は、容易くCVモーラと特殊モーラから成る２モーラ語に分けられる。

一般的に日本語母語話者はカナ表記に影響を受け、モーラの単位に語を分節するが、“CVモーラ＋特殊モーラ”は１ユニットとして日本語話者に知覚、生成される例も多く報告されている。しかし、音節の概念だけでは、CVモーラと特殊モーラの間に存在する境界（CV/V　こ／う，CV/C　さ／っ）を説明できないため、モーラの韻律ユニットとしての役割は必須のものになる。一方、特殊モーラにアクセントが置かれないことを考えると、日本語において、音節とモーラが同じ比重を持っているとは言いがたい。だが、これは特殊モーラが常に母音に続くことを考えるとその理由は明白になる。聞こえ度配列原理では、母音が音節内の聞こえ度の頂点にあり、アクセントを担うとしている。よって、母音に隣接する特殊モーラがアクセントを担うことは、まずないわけである。長母音の二番目にあたる特殊モーラ“R”（“こうこう”の“う”の部分）にアクセントが置かれた場合は、単一母音である“V:”にLHのピッチパターンが置かれるということになり、これは音調言語でなければありえないため、考えられない。よって、特殊モーラゆえに日本語にはモーラのみならず、音節の概念も必要であるという結論にいたるわけだ。モーラを音節内に従属する韻律ユニットとして見ることが日本語の音韻構造を説明する上で、最も有益だと思われる。

3－2. 日本語のフット

日本語は漢字を通じて容易く２モーラのユニットに分けられる。研究者たちによって提唱される２モーラ理論とは、２モーラを一つの韻律ユニットとして扱うものである。この理論は、フットに強勢の配置を依存する強勢アクセントパターンを説明する韻律強勢理論（Metrical phonology）に端を発する（McCarthy and Prince: 1995）。日本語は強勢アクセントを持たないが、日本語にもフットの構造、２モーラフットが存在するという議論がある。以下に音韻論と教育面からの２モーラ理論の根拠を紹介する。

3－2－1. 音韻論的考察

２モーラフットの根拠としてPoser（1990）は語形成ルールを挙げている。ニックネーム、擬態語、擬声語、複合名詞、略語などの形成は、いずれも２モーラを元にしている。日本語のニックネームの例を見ると、２モーラ以外の語を受け付けないことがよくわかる。

名前		ニックネーム	
taroo	→	taro-chan	
masahiro	→	masa-chan/maa-chan	# masahi-chan
yoosuke	→	yoo-chan# yo-chan	

#＝あり得ない例

これは、接尾詞の“さん”“ちゃん”に長さを合わせて２モーラを取ったと考えられなくもない。しかし、借用語の省略にも同じようなプロセスが現れる。

A）	herikoputaa（helicopter）	→	heri
	demonsutoreeshon（demonstration）	→	demo
	rokeeshon（location）	→	roke

Ito（1990）はこれを韻律形態論（Prosodic Morphology）の観点から、２モーラテンプレート使用の例だと解釈した。韻律形態論は、韻律構造の形態素への影響を説明するものである。そのためには、韻律の階層構造とフットの二項性が必要となる。この二つの概念から、韻律語は最低一つのフットを含み、フットのサイズは２モーラか２音節であるとする、語の最小性制約が生まれた。結果として韻律語は最低２モーラか２音節を持つとされた。Ito は省略形の形成に制約を加え、次のようなものは、起こりえないとした。

B）	maikurohon（microphone）	→	# mai	maiku
	sandoicchi（sandwich）	→	# san	sando
	demonsutoreeshon（demonstration）	→	# demon	demo

これらの語の音節構造を見てみると、以下のようになる。

（L ＝軽音節，H ＝重音節）

1-mora: LL, #H

2-mora: HL, LLL, #LH

4-mora: HH, HLL, LLH, LLLL, #LHL

起こりえないとされるパターンは、次の２つの公式によって排除できる。

1) $\mathrm{Min}\ (\mathrm{STEM}) = F = [\ \mu\mu\ ]$ 　　　　μ = mora

2) $\mathrm{Min}\ (\mathrm{WORD}) > \sigma$ 　　　　σ = syllable

１）最小限の韻律の根幹（stem）は２モーラである。

２）韻律語は最低、２音節の長さ、つまり１音節以上でなくてはいけない。

よって、A）の例は可能で、B）の例は不可とされたわけである。また、日本語は右に派生していく言語（suffixing language）であるため、韻律の根幹（２モーラ）の位置は左端になければいけない。そのため、HL は許されるが、LH, LHL は不可となるわけだ。

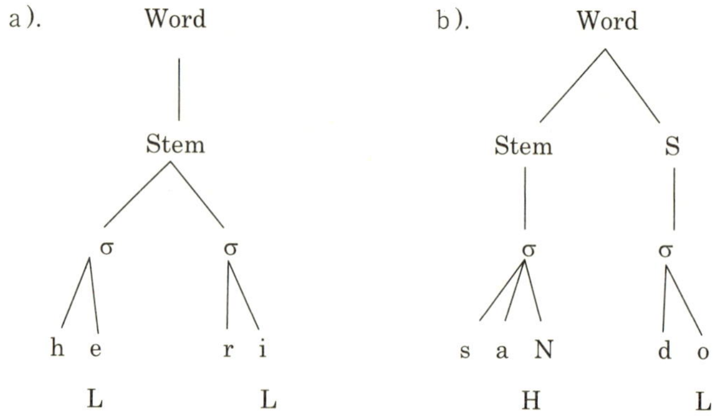

c).#

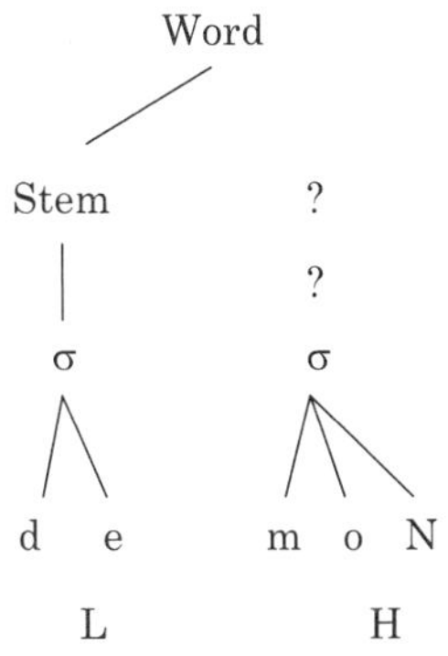

Ito は日本語における２モーラの最小性制約を派生語に限り、もともとの日本語の語彙（１モーラ語の“木”、“目”）には適応していない。また、２モーラフットの概念は複合語のアクセントルールの説明も簡単にできることが証明されている（Ito: 1990 参照）。

知覚における分節も２モーラフットに影響を受けることが、佐藤（1993）により報告されている。９人の日本語話者に４モーラ以上の長さの借用語に自分で自然と感じられる所で境界線を入れるように指示したところ、次のような分節が観察された。

５モーラ語	yoo / guruto, koron / basu, boon / masu	
６モーラ語	ebapo / reeto, an / sanburu	
７モーラ語	kurisu / chansen, koresute / rooru	特殊モーラ

つまり、特殊モーラの位置と２モーラフットが影響を与えているということになる。

Kurisu（1994）の実験も知覚における２モーラフットの影響を支持するものだ。彼は 48 人の日本語話者にローマ字で書かれた漢語、大和言葉、借用語を示し、分節点を置くように指示した。特殊モーラを含む語と CV

モーラのみの語の２種類の音節構造が使われたが、下の図のような偶数モーラごとの分節が圧倒的に多かった。

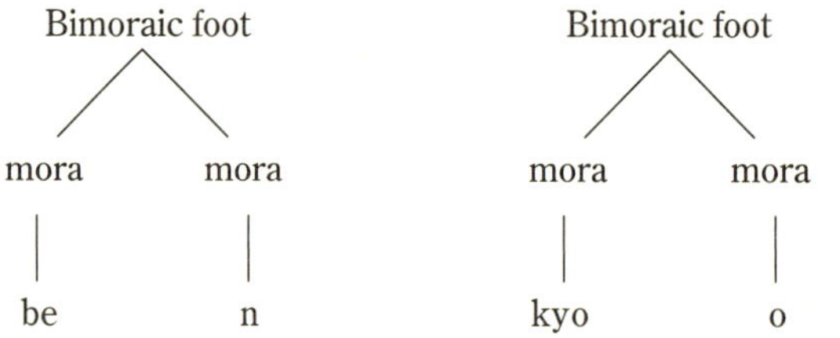

２モーラフットでの分節点をさらに裏づけるため、栗栖、大竹（1995）は別の実験も行った。特殊モーラを含む２つの５モーラ語（e.g. CVNCVCVCV, CVCVVCVCV）を分節し１語を作り出すタスクを英語話者と日本語話者に課し、分節点を調べた。結果は、英語話者が２音節の後ろで語を分節するのに対し、日本語話者は２モーラの後ろで分節する傾向が見られた。しかし、この実験は刺激語につけられた（HHHLL）というピッチパターンが文節の区切りの誘導になっているとの窪薗の指摘もある。確かにその可能性は否定できないが、栗栖の発見において、CVCV|VCVCVという音節構造の中で特殊モーラCVV,CVNがCVとV（N）に分けられたことは２モーラフットの存在を示していると言えるだろう。

３－２－２. 教育的考察

２モーラを１単位として扱うことは、日本語教育でも行われてきた。中道（1980）は２モーラを音楽的な意味のタクトという用語で呼び、日本語のリズムを教えるのに役立つと考えた。奇数語の場合、休止を挿入し、次に示すように４種類のタクトが示された。

kata / kat /ta @

T　　T　　T　　　　　　　　　　　@ ＝休止，T ＝ Takt

1）/M M/　　2）/M @/　　3）/@ M/　　4）/@@/

中道はさらに2)、3）のタクトが会話でよく聞かれるとしているが（例：/@ta-naka-kun/, /yashi-ki@/)、これは、リズミカルであるかどうかの、個人的な判断のようでもある。とはいえ、日本語のリズムの習得で2モーラを一単位として扱うという中道の提唱は支持され、1モーラより大きいリズムの単位を教えるという考えに発展した。

土岐、村田（1989）は長音節（CV mora ＋ special mora)、短音節（CV mora）という概念を用いて指導した。串田、他（1995）は韻律を視覚的にとらえたプロソディグラフを使い、中国人学習者の日本語リズム習得に効果があったことを報告している。串田らの方法は、丸と楕円の形で長さを示すもので、二つは1：2の比にはならず、ただ楕円は丸よりも長いということを示している。

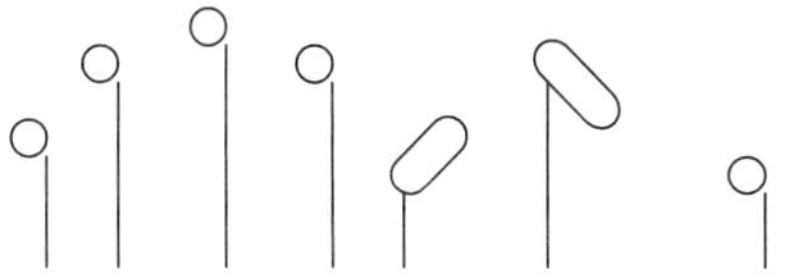

は　ち　な　な　にー　きゅー　の　　　　　（築地、串田：1995）

このような音の長さの示し方は松崎の実験（1994）でも使われており、特殊モーラは音節の一部（CVR, CVN, CVQ）として分節される傾向があることが報告されている。

これらの教育ストラテジーに共通していることは、モーラか音節かという選択にとらわれず、両者を柔軟に使っているところにある。どれも2モーラフットの理論から生まれたものではないが、日本語における2モーラフットの存在を実証するものである。

3－2－3. 結論

２モーラフットが日本語の音韻の現象を説明する上で、有益であることがわかった。しかし、２モーラフットは、アクセントの位置を指定することはなく、日本語の下層的音韻構造としての役割を果たしているに過ぎない。また奇数モーラの語においては２モーラフットを語頭と語末のどちらから数え始めるか、の問題も残っている。この点は韻律強勢理論におけるフット（metrical foot）とその役割を異にしている。Poser（1990）は日本語のリズム構造とアクセント構造をそれぞれ独立した組織と考えることを提案した。筆者が考えるに、フットと言う用語はアクセント指定の機能があるような誤解を生む。むしろ、２モーラをフットというよりも韻律のテンプレートとみなし、モーラを音節に直属する単位と考えることを提案したい。よって、日本語の韻律を説明する階層構造として次のようなモデルが適切だと思われる。

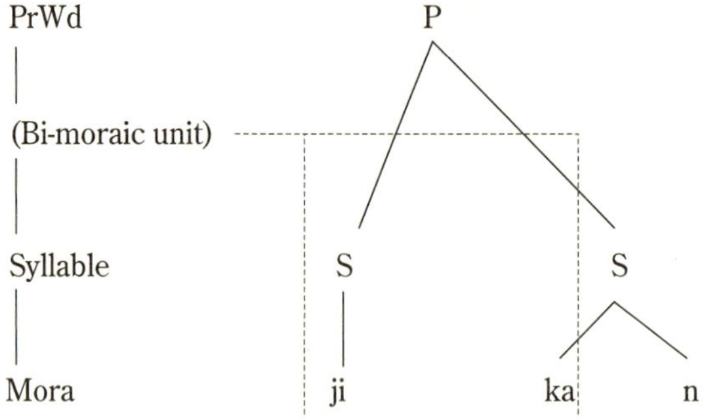

「モーラと音節は共存し、音節は韻律語に直接属する。２モーラの単位は、形態素に関する派生を考慮する際、韻律のテンプレートとして機能する。」

3 − 3. 日本語のアクセント
― 日本語は音調言語か？ ―

日本語のような非強勢アクセント言語では、ピッチ（音の高低）が唯一のアクセントの指標であるため、韻律の構造は強勢アクセント言語よりも単純である。しかし、強勢アクセント語と音調言語の体系の中では、日本語は、両方の要素を少しずつ兼ね備えていることが知られている。強勢アクセント語と音調言語の二つの体系を比較、分析することで日本語のアクセントシステムの位置づけを明確にしてみたい。

前章で述べたように、音調は語の意味を決定する音の高低の変化であり、形態素を単位に付加されている。音調は、音素のように分節素として扱われる一方、アクセントは超分節素とみなされている。日本語のピッチは、そのどちらの要素も持っているため、区分が面倒なのだ。日本語アクセントの特徴の曖昧さは下の図表に表されている。

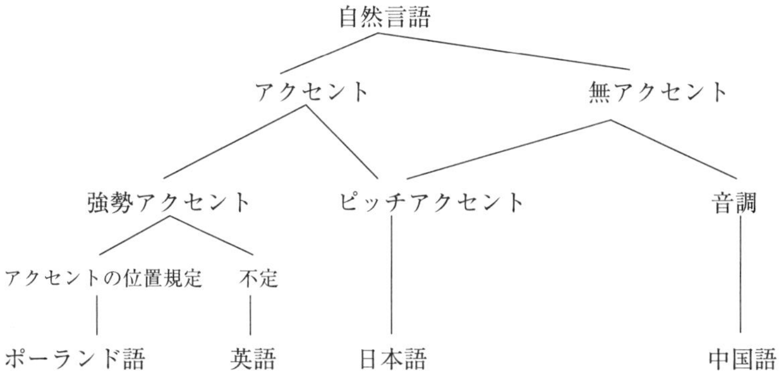

(Archibald: 1997)

図 5：自然言語の分類

この図は、日本語におけるピッチがアクセントを示す役割と語を音素レベルで区別する役割の両方を持っていることを示している。しかし、日本語が音調言語ではないことを証明する事実が3つ挙げられる。まず、日本語はピッチにより異なる語を認識することができるが、2音節以上の語でそれが可能なものは稀であり、2音節語のミニマルペアでさえも50に満たない。この数は音調言語に比べるとはるかに少ない。（音調言語であるヨルバでは、47％のCV音節が3つの違う音調を持っている。）次に、音調言語はピッチが1音節の中で上下する起伏音調（contour tone）と1音節の中で一定の 平板音調（level tone）の二つを持っている。日本語では、ピッチの変化はモーラの境界で起こり、それが日本語のアクセントとみなされるが、1モーラ内では一つの音の高さしか現れない。Haraguchi（1977）は「寝ては起きては」の省略形「寝ちゃあ」（L-HL）を取り上げ、日本語にもcontour toneがあると指摘した。しかし、「寝ちゃあ」は3モーラの長さを持って発音され、長母音を持つ「こうか（効果）」「りょうり（料理）」（H-L-L）と同じ扱いになるはずである。この例を除いては、ピッチの上下は常にモーラの境界で起こっており、そのことは、日本語母語話者によるスペクトログラムを調べてみても明らかである。

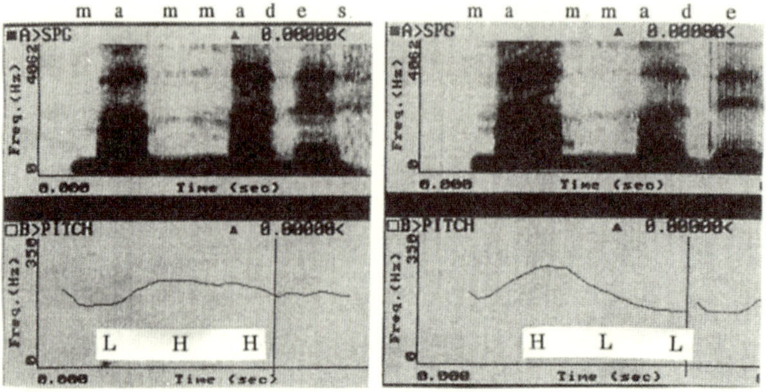

図6：無意味語 mamma におけるピッチの変化

日本語が音調言語と異なる三番目の点は、音調言語では高いピッチが１語の中で１度以上現れるという点である。日本語の４モーラ語の基本ピッチパターンを見ると、そうではないことが明らかである。

１）平板	ko-o-ko-o	LHHH ～ HHHH*	
２）頭高	bi-n-bo-o	HLLL	
３）中高	a-sa-ga-o	LHLL	
	ka-ra-ka-sa	LHHL	H ＝高いピッチのモーラ
４）尾高	o-to-o-t-o	LHHH	L ＝低いピッチのモーラ

注：日本語の方言によるアクセントの違いは存在するが、ここでは英語との比較に焦点を置き、東京日本語のアクセントパターンを使用する。東京アクセントには、Initial Lowering と呼ばれ、語頭で２つの高いモーラが続いた場合、一つ目のモーラを低くし、２つの HH の連続を避ける現象がある。

* 第一音節が重音節（CVV or CVN），の場合、“HHHH”が使われることが多い。

ピッチは一語の中で一度だけ上がり、便宜上、一番最後の高いピッチのモーラがアクセントモーラと呼ばれている（Vance 1987)。従って、パターン１）と４）は、無アクセントということになる。２つのパターンの違いは、助詞の「が」がこれらの語に続いた場合、１）は、ピッチが下がらず、「こうこうが」（H-H-H-H-H）と平板のままであるが、４）は「おとうとが」（L-H-H-H-L）と語の終わりでピッチが下がることにある。日本語の単語にアクセントモーラは一つしかないため、このピッチの下降が韻律語の数を示すことになる。この点が、日本語母語話者がアクセントと認識していないにもかかわらず、日本語のピッチの変化がアクセントと呼ばれる所以である。

以上の考察の結果、日本語は音調言語ではなく、ピッチアクセント言語であるという結論に至る。

日本語のリズム

リズム	モーラ基準リズム
韻律の単位	モーラ
韻律のテンプレート	２モーラ
アクセントパターン	ピッチアクセント（ピッチが単語の中で一度だけ上昇）

4．日本語のリズムに関する習得研究

この章では、第二言語学習者が日本語のリズムをどのように習得していくか、その過程を混成語形成（word blending）の実験を通して、考察していく。

4－1．発話の分節に使われるユニット

乳幼児は、言語を習得の際、発話を理解可能なまとまりに切り出していく作業をおそらく韻律の助けを借りて行っていると思われる。言語習得は、彼らが統語、形態素、音韻の知識を得る前に始まっていることを考えると、韻律的特徴が彼らの最初の言語理解の道具であると見るのは妥当であろう（Peters: 1985, Jusczyk et al.: 1993）。乳幼児は言語体系を習得した後、知覚した音声を蓄積した語彙と照らし合わせ、意味的まとまりに分解していく。その際、各言語に特有の手がかりを使って単語の境界を見つけるが、強勢アクセント語では強勢（Cutler et al.: 1986, Nakatani & Schaffer: 1978）、音節言語では音節（Cutler & Norris: 1988）、モーラ言語ではモーラが使われる（Cutler & Otake: 1993,4）。他言語の話者が初めて日本語を知覚し分節する場合、おそらく話者の母語での分節単位あるいは日本語母語話者と異なるストラテジーを使うと予測される。その後、日本語の習得が進むに従って、学習者の知覚構造に新たな分節単位が加わっていくはずである。ここでは、その変化の過程を英語を母語とする学習者を対象に混成語形成（word blending）という実験手法を使って観察することを試みる。

第二言語学習者が対象言語を分節する際に使用するユニットの選択は、

学習者の韻律面の発達の様子を示す良い指標となる。Cutler（1992）らはフランス語と英語のバイリンガルを使って、無意味語の中の語頭の音節を言い当てる音節同定タスク（syllable monitoring task）を行い、話者のバイリンガルの度合いによって、優勢な方の言語の分節単位、（英語ー強勢アクセント、フランス語—音節）が現れることを発見した。

フランス語と英語のバイリンガルの “ba” の認識

（1）<u>ba</u>lance / （2）<u>bal</u>con (Mehler et al.: 1981)

フランス語が優勢な話者には、音節と一致する（1）の方が早く認識される。

英語母語話者の“min”の認識

（1）mintayf / （2）mintef (Cutler & Norris: 1988)

英語話者には強勢のおかれる（2）の語頭“min”の方が早く認識される。

同様に Cutler and Otake（1994）は日本語話者を対象に、英語の単語を視覚的に提示し音素同定 テスト（phoneme detection test）を行った結果、被験者はモーラを基本として英単語を分節していることが観察された。この結果は、反応時間が測定され、瞬時の判断が要求されたため、話者の保持する優勢な言語が働いたものと思われるが、もし、話者が第二言語を処理しているとはっきり認識できる状態で実験した場合、第二言語の分節単位を使用する可能性もある。Cutler ら（1994）自身、学習者の習得が進むにつれ、成人学習者も対象言語の母語話者と同じ分節機能を備える可能性を示唆している。視覚的に提示した語と聴覚刺激の一致を問う音素同定テストやタスクは、被験者の母語と刺激語がアルファベット表記の言語の場合のみ適切であるが、日本語話者には言語学的に非現実的なタスクとなるのではないだろうか。程度の違いはあれ、言語の表記は発話の分節単位に何らかの影響を及ぼしていると思われる。まず、日本語話者の分節行動を議論する前に、表記と分節単位の関係を明らかにしておこう。

4－1－1．表記と分節単位の関係

世界の言語の表記は大きく分けてアルファベット単位、音節単位、意味単位の３つのグループに分かれる。これらの区分は大まかに言って、音素、音節、形態素に呼応する。

アルファベット ―― p, k, s,, ――――――音素
音節単位 ―――――― あ、か、ま―――音節
意味単位 ―――――― 中、才、色、――形態素

意味を伝えることのない音節や音素に頼る表記システムは、単語や形態素を単位とする表記システムよりも新しい制度だと言われている（Lieberman: 1974）。音節表記やアルファベット表記は、音声、音韻情報を伝えるため、表音文字（phonogram）と呼ばれる。その中でも、アルファベット表記は音声と表記の呼応が１対１ではなく複雑なため、“音韻的つながりが薄い（phonologically deep）”と呼ばれ、音節表記（“phonologically shallow”例：日本語）と区別されている（Osaka: 1990）。アルファベットは音素の情報をあまり正確に伝えないが、アルファベットの知識は発話の中の音素の構造を理解するのに役立っていることが知られている。Morais et al.（1979）は文盲と識字者のポルトガル語話者を使って、発話の中の音素の並びに関する知識を調べる調査を行った。発話の最初の音素を取り除いたり、加えたりして、別の単語を作るタスクを用いた結果、アルファベット言語の話者でも表記の知識なしにはタスクが遂行できないことがわかった。同じことを中国語話者に対して、アルファベット表記を知っている者とそうでない者の間で行ったところ（Read et al.: 1986）、中国語の表記は音素の情報がないため、アルファベットを知らない者は音素に分節できず、Morais et al.（1979）の結果を立証する結果が得られた。

では、表記の知識の全くない話者はどのユニットを分節単位として使うのだろう。Morais et al.（1987）は、文盲と識字者の実験をさらに広げ、音

素だけでなく、音符、音節、韻を使って試みた。全体として、識字者の成績の方が良かったが、音節と韻に関しては文盲のグループも良い成果を挙げた。この結果は Lieberman et al.（1974）が幼児に対して行った実験と一致する。Lieberman らはアメリカの英語圏の居住区の幼稚園児、保育園の児童、小学一年生を対象に、試験者が発した言葉や音を繰り返させることにより音素や音節の分節能力を調べ、以下のような結果を得た。

	音節による分節	音素による分節
保育所幼児 46 名	46%	0％
幼稚園児 49 名	48%	17%
小学一年生 40 名	90%	70%

３グループとも音節に分けることはできたが、音素に分けることはほとんどの就学前の児童にはできなかった。これらの結果は、表記が存在しない状態では、音節が最も自然で聴き取りやすい分節単位であることを示している。音節境界での区切りやすさは、音節内の核（母音）の存在が知覚を助けているためでもあるだろう。アルファベット以外の表記の話者の幼児からも、同じような結果が得られると予測される。僅かながら報告されているのは、表記を学ぶ前の４歳児が言葉遊びで CVV を CV モーラと同じに扱っていたという窪薗（1993）の個人の経験に基づいたものであるが、日本語話者の一例として興味深いものである。以上、アルファベット表記は単語を音素に分ける知識を与えるが、表記の存在しない状態では、音節がもっとも自然な分節単位となることがうかがえる。

4－1－2. 日本語表記と分節の関係

日本語は音節単位のカナによる表記と、意味単位の漢字表記の両方を使用するが、日本文に占める漢字の割合は 30％（海保：1983）であり、漢字の語もカナに置き換えて読まれていることから、日本語の表記は音節単位が主流であるととらえることができる。日本語のカナ表記は、前章でも述べたように音声情報、音韻構造と深いかかわりを持っている。日本語の読み書きは、音をカナ文字に置き換えることから始まり、音韻変化、形態素のしくみは、カナ文字を基に説明される。よって、カナ表記は分節にきわめて大きな影響力を持っており、カナ表記の学習が分節単位を学習者の記憶に固定させる可能性が大きい。日本語教育において、最初の数週間で集中してカナ表記を覚えこませるのも同じような理由からである。

このように日本語の分節はカナと漢字に大きく影響され、ほとんどの日本人は英語のアルファベットを学ぶまで、カナより小さい音の単位に気づかない。本研究の21人中19人の日本人被験者は日本語の単語を聞いた時、ひらがなをイメージすると答えた。カナはCVモーラに呼応し、日本人の分節単位を大きく支配している。Mann（1987）はMorais et al.の実験をアメリカ人と日本人の小学生に対して行った。予想されたように、アメリカ人の児童は音素を使ったタスクに秀でており、日本人の児童はCV音節（モーラ）を使ったタスクを得意とした。しかし、日本人の4年生や6年生の児童がアメリカの1年生と音素のタスクで同等の結果を出したり、より高いスコアを出したりすることもあった。Mannはこの結果をカナが子音と母音の規則的な組合わせであることにより、音素と音節の両方の知識が喚起されるためと解釈した。文盲のポルトガルの成人の結果と同様、音韻構造の理解における読み書き能力の重要さが示される結果である。

4－2. 分節に関する言語心理学的研究

音韻的制約を受ける形態素の情報源として，言い誤り、畳語、略語、接中辞の挿入（infixation）のプロセスなどが使われるが、これらは同時に音韻制約そのものを観察する手立てとして、言葉遊びに仕立てた実験で使われてきた。刺激語が音声によって示される分節の実験であれば、被験者が表記をイメージするのは避けられないとしても表記の直接的な影響は避けられる。分節を指示するタスクも、区切り目に斜線を入れさせたり（Treiman and Danis: 1988, 佐藤：1993）休止を口頭で置かせたりして

（Derwing: 1992）被験者の判断を見るものや、新たな接辞詞を挿入したり（Treiman: 1983）２語から１語を作り出す混成語形成などのゲームを使ったりして、被験者の韻律習得の度合を測るものなどがある。ここでは、最も頻繁に使われており、その解釈も多様である混成語形成について、過去の研究を振り返り、日本語学習者への適用を試みることにする。

4－2－1．混成語形成に関する過去の研究

混成語形成は二つの単語の一部をつなぎ合わせ、新しい語を作り出す語形成の一種で、意識的に作られる場合も、偶然言い間違えた結果である場合もある。Treiman（1986）が意識的な語形成を使って、英語の音節の内部構造を観察したのが混成語形成の実験の始まりである。Treimanは、CCVCCの音節構造を持つ二つの単語を示し、最初の語の一部分と二番目の語の一部分をつないで一音節語を作るように被験者に指示した。結果は、頭子音と韻の境界であるCC/VCCで区切った答えが圧倒的に多く、それが英語の音節の内部境界であることを裏付けた。この実験後、英語以外の言語においても、多音節語を使って様々な実験が行われた（栗栖・大竹：1995, Cutler & Young: 1994, Yoon: 1994）。実験対象言語の拡張によって、頭子音と韻の境界以外に、強勢フット、音節、モーラなど様々な要因を考慮に入れる必要が生まれた。言語のプロセスに関わる要因は言語普遍のものであるはずだが、各言語に固有の要因が存在することも否めない。

Kubozono（1995b）はTreimanの実験を日本語母語話者を使って行い、英語の一音節語、CVCがCVとCに分けられる傾向が強いことを観察した。この結果は、C—VC間の音節内部境界を好む英語話者と対照的であり、日本語に固有なモーラの境界を意味するものととらえられた。Beckman（1995）は、この差が両言語の韻律面での差を反映しているのは認めたものの、窪薗の解釈に言語普遍の原理の観点から異議を唱えた。Beckmanは、両言語話者の違いは韻律階層の異なるレベルで周囲の音から際立って知覚される指標の違いからくると説明した。つまり、日本語ではモーラが、英語では単音節フットの核が各言語において、他の韻律構成素

よりもよりはっきりと知覚されるためであると言うのである。しかしながら、日本語における圧倒的な数のCV音節、日本語が表音文字であることが、CV/Cという分割に大きく影響していることは、確かである。カナ表記を所有しない日本語母語話者がCVCをどう分節するか調査できれば、議論の解明となるかもしれないが、カナ表記を知らない日本語母語話者を見つけることは不可能に近い。英語の音節の内部境界についてもまだ異論が存在することから、この議論の追求は他の研究にゆずることにする。

混成語形成に働く制約には、モーラの他に、長さの制約、2モーラフットの制約、形態素の制約など、タスクに特有なものが存在する。実験の概要を述べる前にそれらを説明しておこう。

4－2－2．混成語形成に働く制約

まず、二つの形態論的制約、長さの制約と、形態素の制約が存在する。長さの制約は、作り出される語の長さに関する制約である。例えば、ABとXYという語が使われた場合、最も一般的なパターンは、一つの語の最初の部分ともう一つの語の後の部分をつなぎ合わせてAYを作るものである（Kubozono: 1990）。その場合、英語においても日本語においてもAYと

	英語 （音節数による集計）	日本語 （モーラ数による集計）
AB ＝ XY ＝ AY	34（61%）	30（39%）
AB ≠ XY ＝ AY	14（25%）	35（46%）
AB ＝ AY ≠ XY	5（9%）	6（8%）
AB ＝ XY ≠ AY	2（4%）	0（0%）
AB ≠ XY ≠ AY	1（2%）	5（7%）

（Kubozono：1990）

＝等しい長さ，≠等しくない

＊英語のデータはFromkin（1987）の混成語形成データから、日本語のデータはKubozono（1989）からとられた。

図7：混成語形成における語の長さの関係

XY の長さは同じとなる。このルールは図７に見られるように、言語に普遍的なものであるとされている。形態素制約とは、形態素の境界で分節が起こることを指す。日本語において、漢字は表意文字（Ideogram）であり、意味のまとまりを持つユニットであるため、形態素として機能する。そのため、カナで書き表された語でも、形態素制約によって、漢字の単位に分節されることもある。その他の制約として、“音素重複効果”（Repeated phoneme effect, Dell: 1984）も報告されている。二つの単語 AB と XY が分節境界で同じ音素を持つ場合、結果の判断があいまいになるというものである。

日本語に独特な制約としては、先にも述べられたモーラがあり、言語心理学の実験でも分節行為における役割は実証されている（Cutler et al.: 1993, 94）。モーラ制約は日本語の表記、カナが子音一つと母音一つの CV の構造を持つモーラと一致するため、モーラの境界で単語を分節することを促す。例えば、日本語の“jikan”という語はモーラ制約が働けば、３ユニットに分けられるが、音節への制約がかかれば、２ユニットになる。

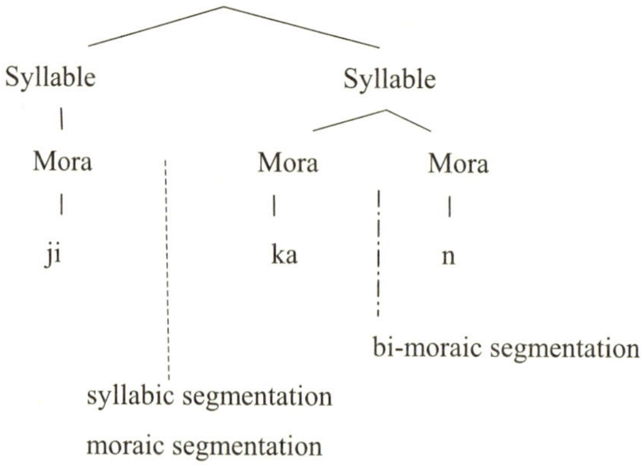

図８：日本語の分節単位

窪園は、モーラのみならず音節も日本語の分節に作用することを証明しようとした。実験に前回のCVCよりも長い単語を用い、モーラ境界が音節境界と一致するところ（図8の点線部分）が最も多く、日本語話者に混成語形成の分節箇所として選ばれることをつきとめている。

英語の単語の最小サイズは2モーラ、つまり“短母音＋末尾子音”（VC）か“重音節”（CVC,CVV）一つである。日本語には強勢アクセントは存在しないが、別個のフット構造、2モーラフットが存在すると考えられる。2モーラフット制約は派生語のみに作用し、基本語彙には適用されない。日本語音韻論では、日本語で2モーラのユニットが好まれることは広く議論されてきた（Poser: 1990, Ito: 1990, Kurisu: 1994, Mester: 1990, 佐藤：1993)。これは主にアクセントパターンや韻律形態論に基づく議論であるが、現在、2モーラフット理論として知られている。もし“jikan”という語が音節境界、モーラ境界を無視して、“jika-n”と区切られれば、2モーラフット制約の証明となる。実験下で作られた語形成の結果の合成語は、実際の語形成と同じ制約を受けるとは限らないが、被験者の用いるストラテジーはその言語での分節ユニットに関する何らかの情報を提供してくれるはずである。

4－3. 英語を母語とする日本語学習者を使った混成語形成による習得研究

上記で触れた先行研究（Cutler, et al.: 1992, Cutler and Otake: 1994）によると第二言語学習者の分節ストラテジーは第一言語に大きな影響を受けるという。確かに、聞き手が瞬間的な判断を要求された場合、聞き手の言語処理機能の中で優勢な言語のプロセスが使われるであろう。しかし、これは、学習者が第二言語習得の過程で目標言語の分節単位を身につけないと言うわけではない。日本語と英語の間の単語レベルでの韻律ユニットの違い、英語話者が日本語を学ぶ過程でその違いが及ぼす影響は、混成語形成の実験を使って、観察することが可能である。ここでは英語を母語とする日本語学習者を使って、第二言語学習者の習得過程における分節単位の選択の推移を考察してみたい。偶発的なものにせよ、意図的なものにせよ、混成語形成は様々な言語的制約を受けるが、本実験で扱うのは単語単位の提示であるため、音韻的、形態論的なものに限られる。

4－3－1．実験方法

中級、上級、超級（ネイティブレベル）の日本語学習者を対象に、二つの日本語の単語をつなぎ合わせて一つの単語を作る場合、どのような分節ストラテジーを使うか、図９のような構造の単語を使って実験を行った。もし、学習者がモーラでの分節を習得していれば、日本語母語話者と同じパターン、つまりCV音節を一単位、CVV, CVN音節を二単位として分節するはずである。

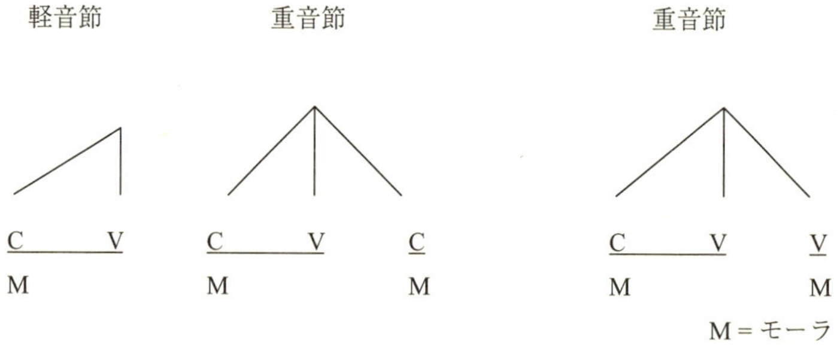

図９：日本語母語話者の分節単位

軽音節に関してはモーラ分節も音節による分節も同じ結果となる。しかし、重音節の場合、モーラ分節では２ユニット、音節による分節では１ユニットになる。さらに英語話者は、CVC音節を頭子音と韻の境界で分けることもありうる。重音節の分節箇所（下線部のような分節）によっては、２モーラフット制約の立証にもなるところに注目したい。

4－3－2. 刺激語

軽音節（L)、重音節（H）の配置に注意し、27組の実際の日本語の単語をそろえた。これらをHLペアと呼ぶ。

表6：刺激語－HLペア

1. LLL + LLL	6. HL + LH
kuruma + shigoto	ringo + mikan
atama + oshiri	denwa + satoo
sakana + oto	seito + jikan
2. LLL + LH	7. LH + HL
ichigo + mikan	kinoo + seeto
shigoto + kaban	mikan + ringo
atama + kinoo	satoo + denwa
3. LH + LLL	8. LL + HH
mikan + ichigo	haru + kookoo
gohan + sakana	ame + konban
tokei + okane	
4. LLL + HL	9. HH + LL
tegami + kanji	kookoo + haru
okane + toofu	konban + ame
5. HL + LLL	10. H + LL
booshi + sakana	ten + kasa
denki + kuruma	too + hiru
ringo + kodomo	kin + sora

L＝軽音節（one mora）　H＝重音節（two morae）

ほとんどの単語が３モーラの長さであるが組み合わせのパターンを網羅するため、２モーラ、４モーラの語も入っている。CVC 音節の区切りは無音区間のため判断が難しくなるので、重音節は CVV と CVN に限られた。単語は、タスクの性格上、短期記憶におさまり分節処理がしやすくなければならないため、第二言語学習者の語彙に存在するものから選ばれた。学習者が単語を聞いて瞬時に漢字を想像する事は、まずないと思われたので、漢字ユニットは余り考慮に入っていない。漢字の単語を避けられなかったもう一つ理由は、CVV, CVN の音節が入った語で非漢字語を選ぶことは、学習者の習得語彙の範囲を超えてしまうため不可能となった。分節箇所の前後で同じカナを使うことは避けられたが、音素の重複は一部で避けられない結果となった。この影響については実験結果の項で説明される。

4－3－3. 被験者と刺激語提示方法

20 人の中級学習者、19 人の上級学習者、10 人の超級学習者のオーストラリア人と 21 人の日本人大学生が実験に参加した。学習者はいずれも英語を母語とするオーストラリア人大学生（他言語を家庭で使う環境なし）で、中級学習者は、学習歴４～５年、上級学習者は、学習歴６～７年と日本滞在歴１年を持つ。超級者は、日本に３年以上滞在したことのある、通訳、翻訳を専門とするオーストラリア人で、大学の研究者や教師たちである。日本人大学生は、日本の大学に就学し夏休みにオーストラリアに短期滞在した者で、英語の影響が心配されるような傾向はなかった。

刺激語は口頭で示され、最初の語の前半分と２番目の語の後ろ半分をつないで、一つの語を作るように指示された[1]。被験者が刺激語を正しく聞いたかどうか確認するため、実験者が刺激語を発声した後、被験者はその

1　先行研究でのインストラクションは、“最初の語の最初の部分と二番目の語の後の部分”というものであったが、試行実験の結果、このインストラクションでは被験者が同じパターンに固執する（例：最初の語丸ごとと、二番目の語の一音節のみ）傾向が見られたため、語を区切らせるためにインストラクションを修正した。

語を繰り返して言い、その後、新しい単語を作って発声した。被験者には、作られた語は無意味語であり、正解、不正解はないことを知らせた。被験者との応答は録音され、書き起こされた。新造語の表記方法には、例のように軽音節—L, 重音節—H, 分けられた重音節—Δ、を使った。

例： mi<u>kan</u> + ichigo -> mi<u>ka</u>-go
LH LLL LΔ-L

ハイフンは、結合された箇所を示す。つまり、この新造語は二つの軽音節を最初の語から取っており、二番目の軽音節は重音節が分節されたものである。そして、後の単語の方からは一つの軽音節“go”がつなげられている。ここでハイフンの前の部分が、２モーラフットになっていることに注目したい。２モーラで構成されているこのフットは重要な韻律の単位であり、派生語の最小韻律単位であるとされている。この実験による語形成は意味を持った形態素の形は取らないが、左側の部分“mika”は派生語と同じ音韻制約を受け、派生語の語幹“go”は、接尾辞のように扱われている。組み合わせのパターンは元となる２語に左右される。

この実験の元々の目的は、音節分節に逆らったパターンの分節となるモーラ分節、つまり、重音節の分割の考察である。その数は、重音節のタイプによって分類され、HLのペアごとに数えられた。しかし、形態論的制約の一つ、長さの制約も混成語形成では、重要な部分を占める。長さの制約が第二言語においても第一言語の場合と同じように起こるか、興味深いところである。

以上の点を考慮し次の３項目に注目して、データ集計を行った。

1）モーラ分節か音節分節か
2）２モーラフット制約の存在
3）長さの制約

4－3－4. 結果

＜日本語母語話者＞

次の表が母語話者（日本人大学生）の混成語形成の結果である。

表7：母語話者の分節パターン

H-L stimulus pairs	モーラ分節		音節分節	
	パターン	回答数	パターン	回答数
1. LLL ＋ LLL			LL - L	27
			L- LL	14
			LL- LL	12
			L- L	10
2. LLL ＋ LH	LL - Δ	24	L- H	27
	L - Δ	2	LL- H	10
3. LH ＋ LLL	LΔ - L	24	L- LL	30
	mikan-go	1	L-L	7
			mii-go	1
4. LLL ＋ HL	L - ΔL	9	LL- L	22
			L- L	11
5. HL ＋ LLL	Δ - LL	10	H - L	42
	Δ - L	3	H -LL	8
6. HL ＋ LH	Δ - H	14	H - H	29
	H- Δ	13		
	Δ -Δ	7		
7. LH ＋ HL	LΔ - L	30	L-L	14
	L - Δ L	14	LH-L	5
8. LL ＋ HH	L - Δ H	6	L - H	27
	L - Δ	6	LL - H	2
	LL- Δ	1		

9．HH ＋ LL	Δ - L	4	H - L	38
10. H ＋ LL	Δ - L	53	H - L	9（＋1）

HL ペアの両方に重音節を持つ6、7番において、モーラ分節が圧倒的に多く見られた。また、そのほとんどが3モーラの長さで、これは新しい語を2番目の刺激語と同じ長さに保とうとする制約が働いているものと思われる。

＜上級学習者＞

表8は、上級学習者の分節結果を示している。モーラをさらに分節してしまう結果は見られず、学習者はモーラの感覚を習得していることが見受けられる。19 人中 16 人は、実験中単語を記憶するのにカナを使ったと答え、残り3人は音にたよったと答えた。しかし、学習者の流暢さや日本語の正確さにも関わらず、彼らの分節パターンでは新造語の長さは刺激語と必ずしも同じではなく、母語話者との相違が見られた。また、モーラ分節の理由も母語話者とは違うものであった。

表8：上級学習者による分節パターン

H-L stimulus pairs	モーラ分節		音節分節	
	パターン	回答数	パターン	回答数
1．LLL ＋ LLL			L - L	39
			L - LL	12
			LL - L	4
			LL - LL	2
2．LLL ＋ LH	L - Δ	4	L - H	45
			LL - H	8
3．LH ＋ LLL			L - L	52

			L-LL	5
4．LLL ＋ HL	L-ΔL	8	L-L	30
5．HL ＋ LLL	Δ-L	29	H-L	21
	Δ-LL	3	H-LL	4
6．HL ＋ LH	Δ-H	29	H-H	24
	Δ-Δ	4		
7．LH ＋ HL	L-ΔL	1	L-L	56
8．LL ＋ HH	L-Δ	3	L-H	33
	L-ΔH	2		
9．HH ＋ LL	Δ-L	23	H-L	15
10．H ＋ LL	Δ-L	42	H-L	14
	Δ-LL	1		

HLペアの5，6，9は語頭に重音節を持つ。上級学習者はこれを分節し、モーラに区切ってしまったのだが、これは最初の2モーラを保持しようとした母語話者と逆の現象である。上級学習者は、その他全ての刺激語ペアに対しても、最初の刺激語の1モーラを取る傾向が見られた。その結果、HLペアの2，3，4，7は、語頭が軽音節であるため、圧倒的に音節分節が選ばれることになってしまった。

＜中級学習者＞

表9は中級学習者の結果である。

表9：中級学習者による分節パターン

H-L stimulus pairs	モーラ分節		音節分節	
	パターン	回答数	パターン	回答数
1．LLL ＋ LLL			L-L	22
			LL-LL	16

			LL - L	13
			L - LL	9
2. LLL + LH	L - Δ	1	L - H	31
	LL - Δ	1	LL - H	27
3. LH + LLL	L Δ - L	2	L - L	41
			L -LL	17
4. LLL + HL	L - ΔL	8	L- L	21
			LL-L	11
5. HL + LLL	Δ-L	15	H-L	20
	Δ-LL	8	H-LL	17
6. HL + LH	Δ-H	21	H-H	38
	Δ-Δ	1		
7. LH + HL	L - ΔL	10	L - L	40
	6（kitoo）， 4（kinto）			
8. LL + HH	L - Δ	2	L- H	35
	L - ΔH	3		
9. HH + LL	Δ-L	24	H-L	16
10. H + LL	Δ-L	47	H - L	13

中級学習者も上級学習者と似通った分節を行ったが、モーラ分節は上級学習者ほど、定着していなかった。実験後、ほとんどの学習者（20 人中 16 人）がタスクを行う際、音かローマ字に頼ったと答えた。CV 音節を CVV に長音化してしまったり、子音と母音に分けてしまったりするケースも見られた。このレベルの学習者はカナを習得し、日本語の発音もかなり正確である。しかし、心理的判断を要求するタスクでは、母語の分節機能が働いてしまうものと思われる。

＜超級学習者—バイリンガルスピーカー＞

表 10 は超級学習者の結果である。

表 10：超級学習者による分節パターン

H-L stimulus pairs	モーラ分節		音節分節	
	パターン	回答数	パターン	回答数
1. LLL + LLL			LL- L	14
			L- L	13
			LL - LL	3
2. LLL + LH	L - Δ	4	L - H	14
	LL -Δ	2	LL - H	10
3. LH + LLL			L - L	23
			L -LL	7
4. LLL + HL	LΔ - L	1	L- L	12
			LL-L	7
5. HL + LLL	Δ-L	1	H-L	26
			H-LL	3
6. HL + LH	Δ-Δ	3	H-H	24
	Δ-H	2		
	H -Δ	1		
7. LH + HL	LΔ - L	1	L - L	28
	LΔ - L	1	(kitoo)	(6)
8. LL + HH	L - Δ	3	L- H	16
	L - ΔH	1		
9. HH + LL	Δ-L	6	H-L	14
10. H + LL	Δ-L	21	H - L	9

一つのはっきりした違いは非音節（モーラ）分節が極端に少ないということである。タスク終了後、被験者たちは、カナの使用に加え、次のように

自己の分節行為を述べた。
――特に何のストラテジーもなく、まったくランダムにおこなった。
――意味のある語を作ろうとした。
――新造語が日本語に聞こえるようにした。
以上、3グループの結果を比較してみると、タスクの分節行為において、モーラか音節かの選択と日本語能力レベルに関連は無いようである。次に実験結果を混成語形成の考察に際し挙げられた3つの点について、考慮してみる。

1）モーラ／音節制約
2）2モーラフット制約
3）長さの制約

1）モーラ／音節制約

軽音節と1モーラは同じであるので、モーラ分節は重音節を2つに分ける選択がある場合のみ数えられた。よって、HLペアの2～7を使って考察した結果を以下の表にまとめた。

表11：音節分節と非音節分節の割合

	音節分節	非音節分節
日本語母語話者	58% (205)	42% (150)
上級学習者	76% (245)	24% (78)
中級学習者	77% (263)	23% (77)
バイリンガル	91% (154)	9% (16)

（　）＝実際に起こった数

全体として非音節分節よりも、音節による分節の割合が多かった。母語話者とバイリンガルの応答にモーラ分節の割合が多いことが予想されたが、バイリンガルの答えは、音節分節に大きく偏っていた。つまり、このグループは日本語のCVV, CVN音節を一まとまりとして扱ったということである。モーラ分節は母語話者においてはHLペアの6と7、上級学習者においては5と6で多く見られた。母語話者のモーラ分節は長さの制約によって引き起こされたものと思われるが、上級者の場合は刺激語の最初のモーラを取るというストラテジーによるものだった。上級学習者ほど明らかではないが、中級学習者もHLペア5，6においてモーラ分節の多さを見せた。

2）2モーラフット制約

刺激語ペアから取られたモーラの数によって、作られた語のパターン数の合計を表にしてみた（表12)。表の見方は、「最初の語の語頭から2モーラ、2番目の語の最後から1モーラであれば、"2＋1"」というように示してある。母語話者の結果において最初の2モーラがよく保たれていることは2モーラフットの概念からして大いに注目に値する。中級学習者の結果は、何も系統だったパターンを示さなかったので、ここでは除いてある。

表12：新造語構成とパターン数

	日本語母語話者		上級学習者		バイリンガル	
	2＋1,＋2	1＋1,＋2	2＋1,＋2	1＋1,＋2	2＋1,＋2	1＋1,＋2
1.LLL＋LLL	39	24	6	51	17	13
2.LLL＋LH	34	29	8	49	12	18
3.LH＋LLL	24	39	0	57	0	30
4.LLL＋HL	22	20	0	38	7	13
5.HL＋LLL	50	13	25	34	29	1
6.HL＋LH	42	19	24	33	25	5
7.LH＋HL	35	28	0	57	1	29

＊2＋1，2＋2のパターンは共に2モーラフット制約を満たしていることになる。ハイライトされた部分は、過半数の応答を示している。ペア8～10は、元の刺激語の語数によって、応答のパターンが限られるので、ここでは除外される。

上級者の応答は母語話者と対照的なものになっている。バイリンガルは重音節による影響がないHLペア１においてのみ、２モーラフット制約を見せたが、その他のペアでは２モーラフット制約は顕著に見られなかった。母語話者においても２つの軽音節か１つの重音節が最初の２モーラの位置にある場合は、重音節を分節する現象は見られなかった。結果として重音節を含むHLペア２と３は、モーラ分節の割合が高くなった。２モーラ＋擬似接尾辞１又は２を作り出すためには、ペア２では２番目の語の重音節を、ペア３では１番目の語の重音節をモーラに分節する必要がある。

２．　LLL + LH　　->　　LL - Δ
３．　LH + LLL　　->　　LΔ - L

しかし、このパターンは42％程度にとどまっている（表12)。なぜなら、重音節を分節せずに長さの制約を保つためのオプション、ペア２ではL-H, ペア３ではL-LLが他にあったためである。ペア２において、２モーラを語頭に持つ“２＋１か２”のパターンは“１＋２か１”のパターンよりも54％対46％の割合で多かった。ペア３では、音素のオーバーラップのためか１＋２のパターンが圧倒的に多くなった。通常、混成語形成のスイッチポイント近くに同じ音素がある場合、混成語のパターンに影響することが知られている（Kubozono: 1990)。

表13：ペア３の母語話者の分節パターン

LH + LLL	2 + 1	1 + 2
mikan + ichigo	11	5
gohan + sakana	6	12
tokei + okane	7	13

表13の結果は、『子音と母音はカナの１単位として扱われるが、カナの交替が起こる場合は常に音素を共有したものの中で起こる』という寺尾（1992）の報告を裏付けるものである。寺尾は153のスピーチエラー（言い誤り）のCV単位の中で、子音と母音の両方が置き換えられたものは14にすぎず、82は母音を57は子音を共有していたことを報告している。この傾向はDell（1984）によって、“音素重複効果（Repeated phoneme effect）”と呼ばれている。CVの連続（CVCV）において、後半の要素、母音が同じ場合、子音は音素的に似通っていなくても取り替えられる可能性が高いとするものである。したがって、gohan + sakanaの“ha”と“ka”、tokei + okaneの“ke”と“ka”は交替しやすいわけである。これを立証するため、LH + LLLのペアにおいて音素が真ん中のモーラでオーバーラップした組とそれの全く無い組を作り、追加実験を行った。結果は、オーバーラップした組で１＋２が、オーバーラップしない組より２倍多く観察された。殊にオーバーラップしない組でgohanとtokeiがgoha-nとtoke-iに分けられたものがペア３の時よりも多く見られたことは興味深い。これらの観察を通して、母語話者のモーラ分節、音節分節行動は次のように定義される。

> 語頭に２モーラがある音韻環境では、派生語の語幹を形成する際、音節分節が優先されて起こる。（例：HL ＋ LLL -> HL）

３）長さの制約

表14は長さに関する応答をまとめている。この実験で、被験者はABとXYという刺激語から、A＋Yという結合語を作るように指示された。ABとXYの長さは同じであるため、A＋Yも刺激語と同じ長さになることが予測された。しかし、学習者の応答ではAB=XY=AYは観察されず、２モーラか２音節の長さになる答えが多く見られた。それに対して、母語話者は、刺激語と長さを同じに保とうとしただけでなく、A＋YのAの部分に２モーラを頻繁に使っていた。バイリンガルスピーカーの応答は母語話者に似ていると思われたが、そうではなく、長さの制約は話者の第一言語

のみに働き、第二言語には存在しないことが明らかになった。

表 14：長さに関する応答

	モーラ数 in XY	（音節数） in XY	最も多かった応答のモーラ数 AY ＊音節数は（　）内にモーラ数と違う場合のみ示してある。			
AB ＋ XY			母語話者	超級学習者	上級学習者	中級学習者
1．LLL ＋ LLL	3	(3)	3	3	2	2
2．LLL ＋ LH	3	(2)	3	3 (2)	3 (2)	3 (2)
3．LH ＋ LLL	3	(3)	3	2	2	2
4．LLL ＋ HL	3	(2)	3	2	2	2
5．HL ＋ LLL	3	(3)	3	3 (2)	2	3 (2)
6．HL ＋ LH	3	(2)	4 (2)	4 (2)	3 (2)	4 (2)
7．LH ＋ HL	3	(2)	3	2	2	2
8．LL ＋ HH	4	(2)	3 (2)	3 (2)	3 (2)	3 (2)
9．HH ＋ LL	2	(2)	3 (2)	3 (2)	3 (2)	3 (2)
10．H ＋ LL	2	(2)	2	2	2	2

4－4．まとめ

４つの言語レベルの違うグループを比べることによって、分節能力と言語レベルの関係を、観察することができた。母語話者の分節パターンは一番強いものから順に以下の三つの制約によって支配されている。

1）長さの制約（モーラ数による）

2）音節による制約

3）２モーラフット制約

2）の制約が3）に勝ることは、HL ペア２，３への応答パターンから明らかである。HL ペア３では音素の重複からその結果がはっきり見られなかったが、HL ペア２では、２モーラによる分節が最も多かった。全体として、母語話者の分節判断において音節による分節制約と２モーラフットによる制約は同等に重要であると言え、音節の普遍性を指示する結果となった。

２モーラフット制約は派生した語に適応される音韻的制約である。この制約は英語や他言語における最小韻律語への２モーラ制約と区別されなくてはいけない。この実験での結果を派生語として解釈するなら、２モーラ目の位置で見られた非音節分節は、語頭での最小韻律語幹を保とうとする動きだと説明できる。これは、最小韻律語幹を語の左端に置くとする左端配置規則（Left Edge Requirement）（Ito: 1990 参照）と呼応する。２モーラフット制約は、母語話者においてのみ観察された。長さの制約は、混成語の長さを語形成に使われた元の語と同じにしようとする形態論的制約である。この制約の第一言語における存在は知られているが、第二言語における影響力は、この実験では観察されなかった。混成語の長さを一定に保とうとする動きは母語話者においてのみ見られた。

モーラ分節に関しては、上級学習者と中級学習者の間で大きな違いが見られた。重音節は、上級学習者の場合、語頭では二つに分節されたが、語末では分けられなかった。しかし、中級学習者には、重音節の分節は全く見られなかった。従って以下のような語の分節をつかさどるものの階層が明らかとなる。

中級学習者　　　音節による制約
　　　　　　　　　　↓
上級学習者　　　モーラによる制約

しかし、これは必ずしも中級学習者が実際の日本語のプロセスにおいてモーラ分節を習得していないというわけではない。日本語の知識が全く無い英語話者にこの実験とタスクを試したところ、次のような応答を得た。

mikan ＋ ichigo -> mik-igo / mik- ichigo

kinoo ＋ seeto -> kin-eto / kin-too

被験者は、二語を短期記憶にとどめる事にさえ困難を示したり、元の語にない音を挿入したりした。また、音素レベルで分節されることが多く、殊に頭子音／韻の境界で分けられるケースも見られた。これは、被験者が単語を心内辞書に蓄える適切な単位、つまりカナを持たないことによるものであり、第二言語習得における文字習得の大切さを示していると言える。日本語の韻律の性格上、強勢アクセントを基にした分節は困難であるにもかかわらず、被験者は、刺激語をCVモーラよりも小さい単位に分節していた。それに比べて、この実験に参加した学習者たちが、日本語の単語を処理する際、モーラの単位を認識していたことは確かである。

この実験結果から、学習者のレベルと言語に特有な分節単位の把握に関する情報が得られたことになる。また、実験過程で、2モーラフット制約が母語話者のレベルに近づくにつれて習得されるかという命題も生まれた。しかし、2モーラフット制約に関しては10人のバイリンガルスピーカーの語形成パターンは母語話者と類似せず、むしろ中級学習者に近いパターンを持つと言う結果となった。しかし、実験後のインタビューでも明らかになったことだが、バイリンガルはカナの想起に何の問題も持っていない。バイリンガルが音節分節を好んで選んだ理由は、中級のグループとは別のものであると思われる。窪薗が示唆したように重音節は、母語話者にも自然に1単位として受け取られる性質のものである。長さの制約と2モーラフット制約がなければ、母語話者もバイリンガルグループ同様、音節分節を選ぶ可能性がある。バイリンガルスピーカーも日本語に特有の分節単位を習得しているのである。ただ、長さの制約と2モーラフット制約は言語習得とは無関係なリズムの根底にあるものなのだろう。

結論として、第二言語学習者は、カナ表記を通してモーラ分節を学ぶことができる。つまり、第二言語学習者は使用される言語によって、母語と異なる分節パターンを適切に使うことができると言える。しかし、語彙の形態音韻的制約である長さや２モーラフット制約は、目標言語の習得に影響しないことがわかった。よって、２モーラの韻律テンプレートは目標言語の韻律ユニットを認識後も習得されないという結論に達する。

――第二言語学習者の日本語のリズムの習得可能項目――

モーラの単位	習得可能 （音節が普遍的な分節単位である可能性もある）
２モーラフット	混成語形成タスクにおいては学習されない

5．第二言語としての日本語の発音

前章までは、韻律構成、韻律単位に関する日本語の習得を見てきた。この章では、単語単位での分節素性（音素）、超分節素性（音の長さ、高低、強さ）等、発音の習得を見る上で必要となる点を整理しておきたい。

5－1．第二言語話者に困難な発音

第二言語話者に困難な発音を考える場合、まず、思いつくのは、母語と第二言語との類似点や相違点を探ることである。分節音の分野も最初は比較研究に基づいた理論が中心であった。母語に無い音や対立は難しいとする比較分析理論（Contrastive Analysis Hyphothesis ― CAHと略す）はLado（1957）によって提唱された。しかし、Eckman（1977）は、この理論では全ての誤りを説明できないことを、英語とドイツ語の阻害音（閉鎖音、摩擦音 ― Obstruent）における有声、無声の区別を例に挙げて、指摘した。ドイツ語の語頭、語中で見られるこの対立が、語末では、無声阻害音のみの生起となるが、英語の語末では有声、無声の両方が起こる。両言語の学習者にとって互いの言語の語末の阻害音の有声、無声の区別の難しさは同等のはずだが、新たに語末の有声音を学ぶドイツ語母語話者の方が、語末での対立を抑制しなくてはいけない英語母語話者よりも習得に困難を示すという結果が報告されている。よって、単なる比較では、難易度の規定はできにくいということである。しかも、難しさの程度を計るのは容易ではない。難しさの度合いは、母語と第二言語の関係にあるとして、相違の度合いを分類しようとする試み（Hatch: 1983）なども行われた。

表 15：難易度のレベル（Hierarchy of difficulty）

難易度（0－5）	カテゴリー	母語 -> 目標言語	学習過程
4	New Category	0→1	新しい項目を学ぶ
3	Split category	1→2..n	新しい区別を学ぶ
2	Absent	1→0	母語にあった音を除外
1	Coalesced	2/n →1	母語にあった区別を無視
0	Parallel	1→1	同じ項目が使用可能
3	Reinterpret shape or distribution differs	1→1	既習の項目に新しい区分，解釈を追加

（Hatch: 1983）

しかし、分節音そのものは、表層形（surface form）でしかない。学習者がその選択にいたる過程、分節素性、超分節素性の構造の推移も知ることが必要である。例として /r/ と /l/ の区別を述べたものがある。日本語も中国語も流音は一つで、中国語は [l] 、日本語は [ɾ] であるが、同レベルの両話者の /r/ と /l/ の知覚テストの結果では、中国語話者が日本語話者よりも優れているという結果が出た。Brown（in Archibald: 1998）はこれを中国語が歯茎と反転音（retroflex）の摩擦音（s と ʂ）の対比を持ち、舌頂音（coronal node）の識別に慣れているためだとしている。つまり、単にその音が母語に存在するか否かだけでは難易度は計れないということである。

次に Eckman（1977）は CAH に代わるものとして、世界の言語の中でも稀である音、つまり有標な音ほど習得が難しいと考える有標性相違理論（Markedness Differential Hypothesis — MDH と略す）を打ち出した。先に挙げた英語とドイツ語の例で見てみると、有声閉鎖音と無声閉鎖音では、有声閉鎖音の方が有標である。また、語頭、語中、語末での出現頻度を言語別に比べた場合、語末での有声、無声の有無が最も稀であると報告されている（Greenberg: 1978）。

＜有声、無声の有無の比較＞

語頭 ———— 語中 ———— 語末

Least marked ———————— Most marked

（無標）　　　　　　　（有標）

したがって、同じ対比であるとしても語末の有声閉鎖音を学ばなければならないドイツ語母語話者の方が難しいと感じるわけである。このようにMDHでは母語と目標言語の比較と有標性を組み合わせて、学ぶ音の難易度を推定しようとした。しかし、世界の言語の中から、どの音が最も一般的で、どれが最も稀であるか、有標性を計ることの難しさは知られている。習得順序が有標性に沿うかどうか、疑問視されている第二言語の分野では尚更の事である（Ellis: 1985）。その後、中間言語を言語の普遍性に照らし合わせて説明する試み（Structural Conformity Hypothesis — Eckman: 1991）や、音節構造に関して、母語の干渉と習得上のエラー及び有標性を考慮した最小聞こえ度差異モデル（Minimal Sonority Distance Model — Broselow & Finer: 1991）などが発表された。それぞれ、部分的な第二言語習得過程の現象を説明するのには有益だが、習得上のエラーと母語干渉を包括的に見るフレームワークは確立されていない。現在、有標性の理念は、制約や制約の配列という形に変わり、1990年代から台頭してきた最適性理論（Optimality theory — Prince and Smolensky: 1993）に受け継がれている。最適性理論の表（Tableu）は、習得上のエラーと母語干渉の推移を見ていくためには、優れたツールであると言えるが、学習者に困難な音を想定すると言う作業とは異種であるため、ここでは触れずにおく。理論の詳細については参考文献（田中：2005、窪薗、本間：2002）を参照していただきたい。

難易度の問題にもどろう。新しい音が常に難しいというわけではない。

Flege（1987）は新しい音よりも母語と似ている音の方が習得が難しいとする説を打ち出した。Flegeは英語を母語とするフランス語学習者を使い、英語話者にとって類似の音がある[u]と新しい音である[y]が同様に難しいかどうか、フランス語話者の発音と英語話者の発音のフォルマント（F２）を比較して調べた。その結果、[y]はフランス語母語話者に近い音が発音されたが、[u]は、双方の話者とも互いの目標言語の[u]に近い音を発音することができなかった。類似音の方がかえって母語の干渉を受けやすいことは想像に難くない。しかし、誤りのパターンや、習得の順序を考える場合、単なる母語と目標言語の比較が、十分ではないことは前述の通りである。母語の干渉による誤りと第一言語と同じ習得過程における誤り、また、習得する音の有標性を考慮に入れなければならない。それに加えて、対象となる音の現れる語中の位置、前後の音環境、構文のむずかしさ、学習差による個人差などあって、一律に難易度のリストを同定することは不可能に近い。しかし、難易度に寄与するとして考慮する必要がある点をまとめてみよう。

* 母語に無い音又は音の対立であること
* 世界の言語の中で稀な音や、出現が稀な語中の位置にあること
* 母語に似ているが違う音であること

出発点はやはり、母語と目標言語の比較から始まると言って良いだろう。次に英語と日本語の比較を使って、起こりうる発音誤りの原因を音韻と音素の両面から考えてみたい。

5－2．英語話者の日本語の発音誤りの音韻的要因

音韻的要因として、ここではアクセントパターンの違いに焦点をあてて考えてみる。最もよく、外国人訛りの例としてあげられるのは、「大阪―おさあか（LHHL）」のように、単語の後ろから２番目の音節に強勢アクセントを置いた発音である。なぜ、そのようなアクセントが付加されるのかは、英語の単語のアクセント規則を見れば明らかになる。英語でアクセ

ントが置かれる音節には、多くの例外があることを考慮してもある程度の規則性が見つけられる。その規則性は品詞別に異なることが知られている。以下、Cruttenden（1986）の提示した簡潔なルールをもとにアクセントの位置に関する法則を紹介する。

i）動詞と形容詞
　a）最後の音節が短母音の開音節か子音一つを伴う閉音節の場合、後ろから２番目の音節に置かれる。e.g. surre' nder, po' lish, expli' cit
　b）そうでなければ、最後の音節に置かれる。e.g. rela' te, seve' re, maintai' n,
ii）名詞
　a）最後の音節が短母音を持つ場合、i）と同じ。
　e.g. mo' ment, e' lephant,
　b）最後の音節が長母音を持つ場合、（iii）を除いて最後の音節に置かれる。　e.g. poli' ce, machi' ne
iii）二つ以上の音節から成る語で、最後の音節が長母音を含む場合、後ろから三番目の音節。　e.g. a' necdote, o' rganize, e' scalate,

さらにGiegerich（1992）は、ii）のb）は名詞では稀であり、「名詞で強勢アクセントが最後の音節にないものは、後ろから二番目の音節が重音節の場合アクセントが置かれるが、軽音節の場合は、後ろから三番目の音節に置かれる。」としている。三音節または、それ以上の音節を持つ語は、全品詞に共通して、第二アクセントを持つようになるが、第一アクセントに関しては短母音を含む音節でない限り、語末から二番目の音節に置かれる（例：toma' to, mecha' nic, communica' tion）（片山，他：1996）。全体的に見て、語末の軽音節にアクセントが置かれることはまずないという一般性が浮かび上がってくる。日本語の語末の音節は、CVN（C＝子音、V＝母音、N＝撥音）でない限り、CVの軽音節なのだから、最後から二番目または三番目の音節にアクセントを置いてしまう結果となるわけである。

次にアクセントそのものの特徴を考えてみよう。英語のアクセントは強勢アクセントであり、強勢の置かれた音節の母音は、強勢のない母音に比べて長く、高いピッチを伴って発声される。加えて、短母音を伸ばしたり、促音を挿入したりするミスは、英語では強勢の置かれた音節が重音節（CVV、CVC）である必要があることにも起因する。つまり母音、子音の長さの誤りは軽音節の CV から CVV や CVC を作ろうとする努力であると考えられる。また“oosaaka”は、さらに第一音節が弱められて、“osaaka”になるわけである。無論、camera のように軽音節に置かれることもないわけではない。軽音節に強勢が置かれる場合、音韻的には二重音節性（ambisyllabicity）として次に続く音節の頭子音を末尾子音に数えて CVC の重音節と見なすことが行われる。

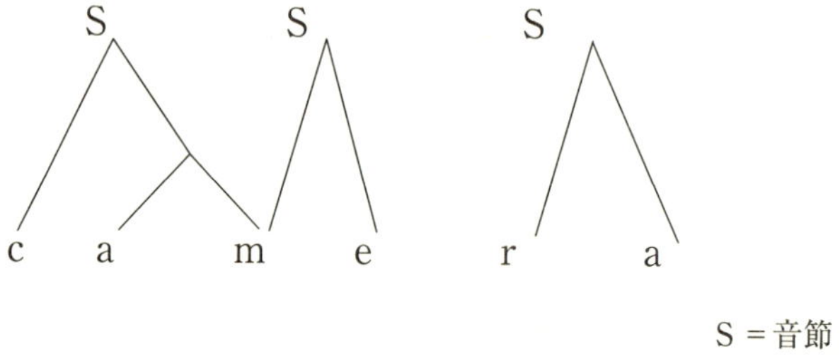

図 10：Camera の音韻構造

では、上記の英語のアクセントの特徴を踏まえて、日本語のアクセントの規則を見てみるとどうだろうか。日本語は、強勢アクセントを用いないため、音の高低（ピッチ）が唯一の指標となり、音節の長さはアクセントに左右されない。しかも、日本語の音節の長さはモーラという韻律のユニットを使って調整され、各モーラの長さが均等になるように保たれる。従って、４モーラ語の次の各語は、音節数はちがっても同じ長さが保たれる。

	音節数	
せんせい	2	
がっこう	2	
おとうと	3	（おおさか）
からかさ	4	

長母音や、撥音、実際にはポーズである促音に、モーラ一つ分の長さを持たせることは、英語話者には難しい点である。２章でも述べたように、日本語のピッチ（声の高低）アクセントの型は、４種類あり、４モーラ語を使って次のように示される。

１）平板	こ－う－こ－う	H-H-H-H (L-H-H-H)	
２）頭高	ま－い－に－ち	H-L-L-L	
３）中高	と－しょ－か－ん	L-H-L-L	
	か－ら－か－さ	L-H-H-L	
４）尾高	お－と－う－と	L-H-H-H	H＝高い、 L＝低い

ピッチは語の中で１度だけ上がり、高いピッチの置かれた最後のモーラが便宜上、アクセントのあるモーラと呼ばれる。英語学習者は、どうしてもどこかにアクセントを置こうとするため、１）と４）のようなアクセントのないパターンは困難になる。予測されうるピッチパターンは、モーラでなく、音節単位でピッチを課し、語末から二番目の音節に高いピッチを置いたものとなる。さらに、アクセントを置かれなかった母音は弱音化し、アクセントを置かれた太字の音節は、強調され長く発音される。以下が１）～４）の語の典型的な誤りの例と言えるだろう。

１）	**ko**-ko	H-L
２）	mai-**ni**-chi	L-H-L

3） to-**sho**-kan　　L-H-L
　　kara-**ka**-sa　　L-H-L
4） o-**to**-to　　L-H-L　　(o-**sa**-ka)

このように英語の単語の強勢アクセントの特徴は、日本語に適用されると極度に違和感のある発音を生み出す。さらに、単語単位以上のレベル、韻律レベル、フット、句、文での考察は、英語の強勢アクセント間の等時性の影響を配慮して行う必要がある。したがって、日本語の文に英語話者が置く韻律は、上記で説明されたもの以外の要因が影響している可能性がある。しかし、単語レベルでの韻律的な誤りのパターンは以下のようにまとめられる。

* 無アクセント型の語は、語のどこかにアクセントを置かれる。
* 語末から２番目の音節にアクセントが置かれやすい。
* アクセントが置かれた日本語の音節は、軽音節の場合、重音節となるよう、促音挿入、長母音化が起こる。
* アクセントが置かれなかった音節は母音が弱音化したり、消えたりする。

5－3. 英語話者の誤りやすい日本語の音素

日本語の子音、母音の音素数は英語より少なく、英語話者を悩ませる日本語特有の音素というのは数個に限られている。そのため、英語話者による日本語の発音誤りは、各文節に強勢アクセントをつけてしまったことによる母音長、子音長のずれが主なものになるが、英語話者が誤りやすい音素とその置換ミスを以下に、紹介しよう。

＜子音＞

表 16：日本語の子音

	両唇	歯茎	歯茎硬口蓋	硬口蓋	軟口蓋	口蓋垂	声門
閉鎖音	p,b	t,d			k,g		ʔ
摩擦音	Φ	s,z	ʃ, ʒ (Š,Ž)	ç			h
破擦音		ts,dz	tʃ, ʤ (č, ǰ)				
流音		ɾ					
わたり音				j (y)	w		
鼻音	m	n			ŋ	N	

(APA ＝ American Phonetic Alphabet)

以下に挙げる子音は表 16 の中で、英語にない音素である。

1）Φ（両唇摩擦音―ふ）→ f（唇歯摩擦音）　　さいふ

[f] として発音されると、歯と唇の間の摩擦音として、[Φ] よりも摩擦度の高い音として聞こえる。

2）ɾ（ラ行―はじき音）→ l（流音、側音）/ r（流音、接近音）

いろいろ　らいねん

日本語のラ行の子音は、エルでもアールでもなく、はじき音とよばれ、IPA（International Phonetic Alphabet 国際音声字母）の [ɾ] で表される。ローマ字書きでは、“ra, ri, ru, re, ro” と表記する教科書がほとんどなので、[r] への誤用がよく見られる。しかし、後続母音が前舌母音の場合、その影響でむしろ [l] に近い発音になるので、“la, li, lu” とした方が、正しく聞こえる。

3）ts（歯茎破擦音）→　s（歯茎摩擦音）　　つぎ→すぎ

[ts] を [s] または、その混同で、[s] を [ts] と取り違えてしまうミスもある。「つ、づ、ち、」の発音に使われる子音が破擦音である。音声学的には、閉鎖音 [t] で止められた空気が摩擦音 [s] の形で放たれる。有声音 [dz] は「つづく、ちかづく」で現われるが [z] と [dz] の区別はネイティブスピーカーの間でも揺れがある。英語でも [cats] などの語で使われるの

で、日本語に独特と言う音ではないが、英語と違い語頭でも現われるのが、学習者を悩ませる点であろう。

4）有声子音の無声化

英語の閉鎖音は語頭で強い呼気を伴うため、声帯の振動開始時間にずれがおこり、語頭の有声閉鎖音が無声子音に聞こえてしまうことがある。その他、誤って、強い呼気が与えられた場合も、同じ結果となる。

b（有声両唇閉鎖音） → p（無声両唇閉鎖音） ぼく → ぽく
g（有声軟口蓋閉鎖音）→ k（無声軟口蓋閉鎖音） つぎ → つき

5）半母音wの円唇化

アメリカ英語では報告があるが（日々谷：1996）、オーストラリア英語ではあまり見られない。

＜母音＞

1）母音の混同

英語（オーストラリア英語）と日本語の母音は、次のように比較できる。

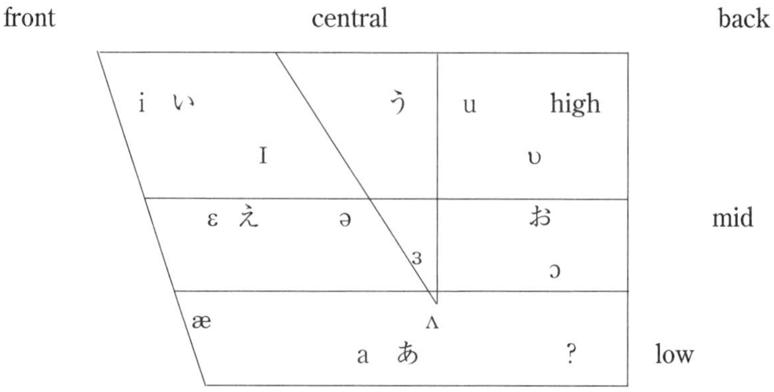

図11：英語と日本語の母音

図 11 に見られるように、日本語の５母音の境界線が英語の各母音とだぶるため、次のような母音の混同が起こることがある。

お	え	あ	う
o → ɔ	e → ɛ	a → æ	u → ɔ
u	→ æ	→ ɔ	→ ə

２）つづりから来るミス

i → ai （ローマ字表記を思い浮かべ，[ɪ] を [aɪ] と発音する。e.g. [kaɪ] in “kite”）

３）連続母音の二重母音化

o.i → oi / a.i → ai “おい、あい”という２モーラ語がわたり音 [oɪ/aɪ] に発音される。（[.] はモーラ境界を意味する。ui / ei はない。）

４）母音脱落

ここでは、モーラ一つ分の長さが保たれず、次の音に融合してしまう場合を指す。

しよう → しょう （shiyou → shoo）
ですよ → でしょう （desuyo → deshoo）
ますよ → ましょう （masuyo → mashoo）

＜拗音＞

拗音の発音誤りは、音韻的なものと音素の難しさとの二面から考えられるが、ここでは音素の分野で考察する。日本語には、口蓋化子音が三つの母音“a,u,o”と組み合わされてできる拗音が 36 存在する。 英語では、ひらがなの二文字が一文字分の長さに発音されることを受けて、contracted sounds と訳されているが、音声学的には口蓋化された子音（palatalized consonants）と [a],[u],[o] の母音の組み合わせである。拗音の子音部は清音の子音部との対として、以下のようなペアができる。

表 17：日本語の清音と拗音の子音

唇音		舌頂音		舌背音	
plain	palatalized	plain	palatalized	plain	Palatalized
p	p^{j}	t ～ ts	tʃ	k	k^{j}
b	b^{j}	d	dʒ	g	g^{j}
m	m^{j}	n	n^{j}		
		s	ʃ	h	ç
		z ～ dz	ʒ		
		ɾ	ɾ^{j}		

＊わたり音 [w] と [j] はこの表に含まれていない。

拗音の中で /ʃV, dʒV, tʃV, kjV, gjV, rjV/ が比較的頻度が高い音だと報告されている（前川：1993）。この中で [dʒ],[tʃ],[ʃ] は、英語にもある音素なので、/rj, kj, gj/ が学習者にとって難しい発音となるはずである。CjV は、music [mjuzɪk], beautiful [bjutɪfl], cute [kju:t] にみられるように英語にも存在する音節だが、母音は、長母音の [u] のみと言う制約がある（Giegerich: 1992）。したがって、難しいとされる /rjV, kjV, gjV/ でも [rju],[kju],[gju] は、[a],[o] に比べてやさしいと予測できる。都合のよいことに、この三つの拗音は、長母音の [u] しか持たない。普通、[ɾ] の音素自体の難しさもあって、/rjV/ がもっとも困難な拗音になる。では、拗音の誤りのパターンとしては、どのようなものがあるだろうか。子音連続の誤りのパターンとして、通常、どちらかの音素を落として簡素化する次の二つが挙げられる。

CjV → CV
CjV → jV

それに加えて、モーラ感覚を習得していない学習者の場合、２モーラの長さにのびて、

CjV ――→ CiJV

とする場合も見られる。これは、英語の子音連続の習得過程に沿えば、母音挿入という解釈がされる（Tsurutani:2004)。その他、単語内の位置によって、促音挿入“CjVQ”や長母音化“CjVV”も起こりうる。
以上、子音、母音、音素としてとらえた場合の拗音の日本語の発音誤りの種類とパターンを挙げた。次に日本語のリズムの中心であるモーラに関する時間長の誤りを考えてみたい。

5－4. 日本語のモーラ時間の制約に関する発音の問題点

第二言語としての日本語の発音を考える際、最も重要となるのがモーラ時間の制約である。母音、促音、撥音、拗音は、分節音であると同時に超分節素の一つ、長さに関わるものでもある。以下、その点に注目して問題点を挙げておく。

5－4－1. 長母音、短母音

日本語の母音の数は英語話者にとって、そうでもないが、長さはよく問題となる。日本語では長音と短音で意味が異なるため、その長さは一定の規準を満たしていなければならない。その規準に必要となる単位がモーラ（mora）である。すでに２章で述べたように、モーラはひらがな一文字分の長さに値することから、長母音は２モーラ、短母音は１モーラ分の長さと言われている。しかし、実際には長さの比は、厳密に１：２ではなく、日本語の母語話者の発音を測ると１：３くらいの対比になっている（Tsukada: 1996)。英語では、母音の長さは音環境によって変化し、長母音対短母音の比が２：１ではない。表18に、アクセントのある音節の母音の長さの測定が示されている。

表 18：英語の母音の長さ

	語尾又は＋有声子音	＋鼻音	＋無声子音
短母音	172	133	103
長母音	319	233	165
二重母音	357	265	178

（Wiik: 1965 quoted from Gimson: 1994）

有声子音の前の短母音は無声子音の前のものより長い。さらに、有声子音の前の短母音は無声子音の前の長母音よりも長いことがわかる。日本語にはこのような音声学上の変化は無い。英語話者の長母音、短母音の長さの区別は、日本語で要求されるようなはっきりしたものではないことがわかる。

5－4－2. 促音

ひらがなの“っ”で表される促音は、音声学では“Q”を用いそのモーラ一つ分の長さを表し、“きって”は [kɪQte] となるが、一般的には [kɪtte] が多く使われている。二重子音という呼び方もあるが、音響的には休止である。英語でも語と語をまたがった場合（e.g. a white towel [waɪt tauəl]）や、形態素の境界では二重子音が起こることがあるが、語中では起こることがない。そのため、長さにおける単子音と二重子音の区別をすることは、英語話者には、困難なタスクである。具体的な誤りの例は次のようなものがある。

	正しい語	学習者の誤り	
促音脱落	motte（HLL）	mote（HH）	<have>
	ittakoto（LHHHH）	itakoto（HHHH）	<have been>
	futtanoni（HLLLL）	futanoni（HHHH）	<though it rained>
促音挿入	hito（LH）	hitto（HL）	<person>

daigaku（LHHH）　daigakku（LLHL）　<university>
nakade（HLL）　nakkade（HHL）　<in>
（　）＝ピッチパターン

（Tsurutani:2001）

促音の挿入、脱落のミスは、英語話者の日本語発音の中で、決まった環境で現れがちである。挿入ミスは、無声閉鎖音の前、ピッチが高低と変わるところで起こりやすい。脱落ミスは、平板アクセント型で多いようである。どちらのミスも強勢アクセントの影響が推測され、語に課せられたアクセントの型に左右されると言える。加えて、促音があるかないかの判断は、日本語母語話者の知覚によるのであることも忘れてはならない。似通った現象は、借用語の促音挿入にも見られる。外来語の中で、短母音が閉鎖音や摩擦音に先行する場合、促音が挿入される。はっきりしたルールはまだ確立されていないが（小野：1991, Takagi & Mann: 1994）、英語の借用語の促音挿入は次のような音環境を伴う。

$$\text{Ø} \text{ -> } Q \ / \begin{pmatrix} +\text{syll} \\ -\text{tns} \end{pmatrix} \underline{\qquad\qquad} \begin{pmatrix} -\text{syll} \\ -\text{voiced} \end{pmatrix}$$

cap[kæp]　->　[k^jappu]（カタカナ語の“キャップ”）

外国語の音を母語の音素のカテゴリーに近づけて解釈する現象を知覚同化（Perceptual assimilation）と呼ぶ（Takagi & Mann: 1994）。英語話者の促音のミスの検証では、この現象が母語話者の知覚に関係するかどうかも考慮しておく必要がある。

5－4－3. 撥音

日本語に鼻音はいくつあるかと聞かれると、“ん”一つだけだと答える日本人が多いだろう。だが、実際は、英語と同じ“m, n, ŋ”の三つの鼻音が存在し、日本語の母語話者は、それらを無意識のうちに使い分けている。ナ行とマ行は簡単に分かる /m/ と /n/ の違いの例だが、“ん”と表記されるものが、語中の位置によって変化しているものはどうだろうか。

1）しんぶん　　shimbun
2）かんがえ　　kaŋgae
3）せんでん　　senden

それぞれ、「ん」は後続の子音の調音点に同化され、1）[m]、2）[ŋ]、3）[n] と発音されているのがわかる。この現象は、調音結合（coarticulation）と呼ばれる。その他、文末の“ん”を口蓋垂鼻音（uvular nasal）[N] として区別する向きもある（Vance: 1987）。

4）よん　　yoN

撥音が第二言語話者にとって問題となってくるのは、鼻音が隣接した場合、撥音に1モーラ分の長さを与えることが不確かになって来る点である。

例；そんな（so-<u>n-na</u>）、ほんを（ho-<u>n-o</u>）

結果として母語話者には、sona“そな”、hono“ほの”として知覚されてしまう。

5－4－4. 拗音

一つの音素としての誤りの部分でも述べたが、拗音には1モーラ分におさめきれず、“CijV”と2モーラ分に近い長さで発音してしまう誤りが多く見られる。物理的に CjV の時間長が CV よりも長いことは当然考えられるが、母語話者と比較した場合、その差異は明らかとなる。次の三つのミニマルペアを使って、CV と CjV の時間長の差を母語話者と英語を母語とする学習者を使って測定してみた。

ふろく	furoku	よりょく	yoryoku
かかく	kakaku	こきゃく	kokyaku
らくご	rakugo	りゃくご	ryakugo

上記の語は同じアクセント型（LHH）の語であり、「それは……です。」の文に入れてフラッシュカードで示し、発音されたものを録音室で収録した。以下の表には下線部の長さが次に続く /ku/ との比率で示されている。

表 19：母語話者三人による /CV/ と /CjV/ モーラ の長さの比率

	CV			CjV		
	ro	ka	ra	ryo	kyo	rya
Speaker A	0.83	1.05	0.84	0.84	1.02	0.94
Speaker B	0.76	1.01	0.86	0.85	1.34	0.98
Speaker C	0.67	1.11	0.62	0.8	1.18	1.59

CV 対 CjV の平均値は、0.86 対 1.06 である。よって音声学的にモーラ時間の制約があっても CjV が長めになることは、明らかである。次に同じような方法で測定された三人の上級学習者の結果を見てみよう。

表 20：上級学習者による /CV/ と /CjV/ モーラ の長さの比率

	CV			CjV		
	ro	ka	ra	ryo	kya	rya
Learner A	0.77	1.02	1.26	1.07	1.2	1.85
Learner B	0.9	1.14	0.58	1.0	1.38	0.93
Learner C	0.82	0.99	0.6	1.14	1.48	1.53

CV 対 CjV は、0.89 対 1.28 と母語話者の比率より大きい。初級学習者の場

合、その差はさらに広がると考えられる。そのようなモーラ時間をこえる拗音の生成が、単にゆっくりした発音によるものなのか、他の原因に起因するのかは、英語の中の拗音に相当する音の音韻構造を調べて考察する必要があるだろう。

以上、学習者に困難であると思われる日本語の発音を英語話者を念頭において考察した。次章では実際の学習者の誤りを観察した研究を紹介する。

6．第二言語学習者による日本語の発音習得研究

6－1．分節音に関する研究

日本語の分節音の研究は、特殊拍、つまりモーラ時間に関する研究に比べて、余り行われていない。一つには、/r－l/、/f－h/、/ts－s/ などの区別に対する許容度が日本語話者の中で高く、間違いがあまり明らかな会話の妨げにならないことにある。中国語、韓国語母語話者の場合は、無気音、有気音の違いから来る無声、有声の区別が問題とされる。しかし、英語話者に関しては、一つの分節音を取り上げて研究したものは、筆者の知る限り報告されていない。分節音の誤りとモーラ時間に関する誤りの割合を見たデータを以下に示そう。

鶴谷，他（2006 b）は初級、中級、上級の英語母語話者各6人の学習者に英語話者が苦手とする音素や特殊拍を含んだ日本文10文を発音してもらい、誤りパターンの傾向と予測の確認を試みた。録音は、ヘッドホンを使い、録音ソフトでコンピューター画面に出た1文ずつの表示を各自のペースで読んでもらった。自分で間違ったと思った場合は、良いと思う発音になるまで録音し直せるようにした。18人の録音を筆者と音声工学を学ぶ大学院生が音素表記を使って書き起こし、二人の記述が一致しないものは、再度聞き返し、エラーを検出した。その結果を、モーラ時間に関するもの（Mora）とそうでないもの（Non-mora）に分け、誤りの数を図12に集計した。

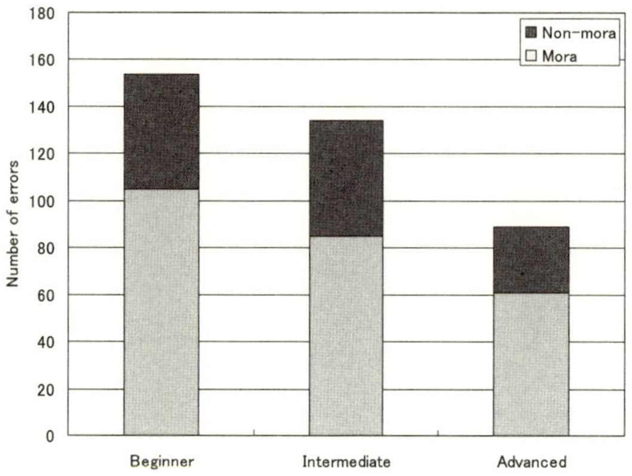

Beginner（初級）：日本語学習歴１年未満、Intermediate（中級）：日本語学習歴２年以上、大学以外（高校、短期留学）での学習歴１～２年、Advanced（上級）：日本語学習歴４年以上、日本滞在１～２年

図 12：学習者レベル別誤りの総数

少人数であるため、統計的な差異は求めていないが、レベルによる違いが明らかに見られる。上級になるにつれて、誤りの数は大きく減少するが、モーラ時間に関する誤りは中級から上級になってもあまり減少しない。また、誤りの総数の中で分節音に関する誤りの占める割合は、30％程度でしかなく、モーラ時間に関する誤りが過半数を占めていることが分かる。モーラ時間が習得のポイントであることは、明らかである。

6－2. モーラ時間に関する研究

３章で述べられたように日本語のリズムはモーラを中心に構成されていると言える。第二言語話者のモーラ時間に関する誤りの研究は特殊拍を中心に数多く見られ、英語話者に関するものも数多く発表されている（Han: 1992, Nagano-Madsen: 1992, 戸田：1994, 96, 97）。モーラ時間を見る場合、短母音と長母音、単子音と二重子音の長さを比べることが考えられ、先行研究の多くも長さの測定に集中した。しかし、強勢アクセント言語である英語においては、長さがピッチ（音の高低）との関係において変化することが予測される。この課では母音と子音に分けて、学習者の発音における時間長の誤りとそれを促す他の要因との関係、また母語話者の非母語話者の発音に対する知覚を調べ、続いて音韻的解釈が複雑な拗音の習得に言及する。まず、母音長に関して、アクセントとの関連を調べる研究を紹介しよう。

6－2－1. 母音長とアクセント

英語では常に語のどこかに強勢アクセントが置かれ、アクセントを置かれた音節の母音が長く高いピッチを伴って発音されるため、英語話者には、無アクセント語が最も困難だと考えられる。英語話者が日本語の無アクセント語、4モーラ、2音節語、“こうこう”を発音した場合、次のようなパターンのエラーが予測される。

正しいパターン	予測されるエラーパターン		
koo-koo			
HH-HH->	HH-LL	koo-koo	A）ピッチのエラー
	HH-H	koo-ko	B）時間長のエラー
	HH-L	koo-ko	C）ピッチと時間長のエラー

（H＝高いピッチが置かれたモーラ，L＝低いピッチが置かれたモーラ）

その他に組み合わせ可能なパターンH-HH、LL- HHは英語の母語干渉からは予測されないので除外する。パターンAのエラーは、ピッチが重要なアクセントの指標として使われる言語の話者がおかすものだと考えられる。または、モーラ時間の感覚は習得したが、平板型のピッチは習得していない英語話者に見られるかもしれない。パターンBのエラーは長さがアクセントを示す重要な手がかりである場合に起こるであろう。平板型のピッチは習得したが、英語の強勢アクセントパターンを捨てきれない英語話者も、強勢アクセントを受けない二番目の音節が弱められて、このパターンを示すだろう。パターンＣはピッチと長さの両方が単語アクセントの 決め手となる英語話者によく見られると想定される。このパターンが適応されると、典型的な外国語訛りとして前章でも挙げられた「おさあかー osaaka（LHHL）」のように最後から二番目の音節に強勢アクセントを置いて、その音節を長く高く発音するパターンが見られる。筆者は、無アクセント語を使い、英語話者を対象に母音長の誤りに関するパターンを考察した。

6－2－1－1．実験

平板型で長音を保つことが難しいという説を検証するために、平板型アクセントで長音を含み、被験者である初級学習者が英語の訳から語を導き出せるレベルの日本語の単語が７つ、実験のために選ばれた。

（英語）	正しいピッチ	予測される発音とピッチパターン	
1. kookoo (high school)	H-H-H-H	kooko	HH-L
2. yoofuku (cloths)	H-H-H-H	yo-fuu-ku	L-HH-L
3. oosaka (Osaka)	H-H-H-H	o-saa-ka	L-HH-L
4. eega (movie)	H-H-H	ee-ga	HH-L
5. tokee (clock)	L-H-H *	too-ke	HH-L
6. booshi (hat)	H-H-H	boo-shi	HH-L
7. kiiro (yellow)	H-H-H	kii-ro	HH-L

＊最初のモーラが軽音節の場合、Initial Lowering が起こる。

実験に参加した21名のオーストラリア英語母語話者（他言語を話す家族なし）は、高校で数年の学習歴がある大学一年生の日本語のコースの学生で、レベルは初級の後半である。よって、リストの語は、どれも既習のものであり、フラッシュカードの英語を見て、その日本語を言うことに何の問題も無い。録音はオーストラリア、グリフィス大学の録音室で一年生の一学期に行われた。

刺激語はフラッシュカードに英語と絵で示された。これは、被験者が彼らの心内辞書に直接アクセスし、カナ表記による母音の長さの指示を受けないようにするためである。被験者は一人ずつ録音室に呼ばれ、刺激語を「それは日本語で……です。」という文の中に入れて、二回発声した。録音前に被験者がその単語を知っているかどうか確認し、二回のうちはっきり発声されている方の発音を採用し、書き起こした。

6－2－1－2. 結果

録音された発話は筆者によって、書き起こされた。結果は以下の表にローマ字表記と H/L（高低）でピッチを示してある。

表 21：学習者のエラーパターン

A）ピッチエラー

予測されたもの		予測外のもの	
koo-koo（HH-LL）	2	oo-sa-ka（HH-L-L）	3
yoo-fu-ku（LL-H-L）	3		
to-kee（H-LL）	3		
ee-ga（HH-L）	6		
boo-shi（HH-L）	1		
kii-ro（HH-L）	5		
TOTAL	20		3

B）長さのエラー

予測されたもの		予測外のもの	
koo-ko（HH-H）	1	ko-ko（H-H）	1
bo-shi（H-H）	2	o-sa-ka（H-H-H）	2
ki-ro（H-H）	2		
TOTAL	5		3

C) ピッチと長さのエラー

予測されたピッチ				予測外のピッチ			
予測外の長さのエラー		予測された長さのエラー		予測外の長さのエラー		予測された長さのエラー	
yo-fu-ku (L-H-L)	5	koo-ko (HH-L)	5				
to-ki (H-L)	1	o-saa-ka (L-HH-L)	1				
bo-shi (H-L)	5						
ki-ro (H-L)	5						
o-sa-ka (L-H-L)	3						
TOTAL	19		6				

147発話中、56のエラーが検出され、エラー率は40%であった。56のエラー中85%がHLピッチパターンで発音されており、英語の強勢アクセントパターンの強い影響を見せている。エラーを予測されたパターンと予測外のパターンに分けてみると、時間長に関するエラーは予測外であることが多かった。つまり、韻律面での母語干渉はピッチには見られるが、時間長の誤りは韻律以外の要素にも起因すると考えられる。

筆者による書き起こしの信頼度を測るため、5人の経験ある日本語教師に同じデータの一部（10%）を書き起こしてもらった。時間長に関するものは87%が一致したが、ピッチパターンは54%と低かった。これは、時間長の評価は“長ー短”の2項であるのに対し、ピッチは“HH-HL-LH”の3項であることにもよるが、一般的に母語話者は時間長の同定の判断は的確だがピッチパターンの同定には困難を示した。(「どこで上がったか、どこで下がったか、よくわからない」というコメント等）この点は次に示す音響分析との比較でも明らかである。

＜音響分析＞

書き起こしの作業では、英語の単語の韻律に影響を受けた学習者の発音が、日本語母語話者の知覚を通してプロセスされるわけである。従って、どのような音響的特徴が母語話者に間違いとして取られたか、知ることが有益である。5人の日本人が発音した刺激語を比較基準とし、学習者の発音と共に基本周波数と時間的特徴を測定し分析を行った。学習者の分析結果と母語話者による書き起こしは一致するはずだが、学習者の発音が2音素の境界に位置する場合、不一致が起こることも予想される。

測定方法

各誤りについて、対象となる母音の長さ、後に続く母音との比較によるピッチ変化、強さが計られ、平均値化された。

1．長さ

長さの割合は、母語話者との比較に便利なように、対象となる母音を含む音節の長さの単語全体の中での割合によって示され、モーラ数による割合と比較された。

2．ピッチ変化

第一、第二音節の強さのピークでのピッチが測定され、その差が第一音節のピッチに対するパーセンテージで示された。

3．強さ

第一音節から、第二音節への強さのピークの差をデシベルで表した。

結果

5人の母語話者の測定結果は平均を取り、学習者のエラータイプA, B, Cと比較された。学習者のエラーに関しては、エラーをおかした者のみの数値をとって、平均を得た。母語話者の測定結果は、音節の長さ、ピッチパターンともモーラの数に呼応すると予想される。逆に学習者の場合、エラータイプAはピッチに、エラータイプBは長さに、エラータイプCはピッチと長さの両方に不正確な値が見られると思われる。

0）母語話者の測定結果

下線部の音節の長さは語中のモーラの数の割合にほぼ比例していることがわかる。どの語も平板型であるが、発話の終わりに向けて、ピッチと声の大きさは下降する。「とけい」は、Initial lowering（3－3参照）が存在するため、ピッチも声の大きさも増加する。

書き起こし	モーラ数＊	長さ	ピッチ変化	強さ（デシベル）
koo-koo	2/4	41.3%	-4.2%	-0.2
yoo-fu-ku	2/4	49.5%	-2.5%	-6
oo-sa-ka	2/4	34%	+0.4%	-4.4
ee-ga	2/3	59.5%	-2.7%	-4
to-kee	1/3	26%	+23%	+3.6
boo-shi	2/3	58%	-3.6%	-9
kii-ro	2/3	60%	-2.5%	-0.9

＊下線部のモーラ数による比率

A）ピッチのエラー

このタイプのエラーでは音節の長さとモーラ数は一致するはずである。しかし、無アクセント語であるにもかかわらず、ピッチの下降があると予測される。

N	書き起こし	モーラ数	長さ	ピッチ変化	強さ（デシベル）
2	koo-koo	1/2	49%	-12%	-6
3	yoo-fu-ku	1/2	35%	-15%	-1.3
3	to-kei	1/3	30%	-5%	0
6	ee-ga	2/3	57.8%	-12%	-4.7
1	boo-shi	2/3	53%	-55%	-8
5	kii-ro	2/3	59.4%	-16.7%	-4
3	oo-sa-ka	1/2	33%	-14%	-6

N＝エラーの総数

このデータに見られるように音節の長さに関しては母語話者と同じ割合

を示しているが、ピッチの下降ははるかに大きなものとなっている。(–55～－5% vs. －4.2～＋0.4%)

B）長さのエラー

このデータは長さのミスはあるが平板型のピッチを保った学習者から取ったものである。測定された長さはモーラ数に対応しないものになっていることが予測される。

N	書き起こし	モーラ数	長さ	ピッチ変化	強さ（デシベル）
1	koo-ko	2/3	59%	+4.7%	-3
1	ko-ko	1/2	45%	-5%	0
2	o-sa-ka	1/3	22%	-1.2%	-1.5
2	bo-shi	1/2	39%	-0.3%	-4.5
2	ki-ro	1/2	37.5%	-4%	+4

ピッチの下降の程度は母語話者に似通っているが、長さの割合は大きく異なっている。その上、長さの割合が語全体におけるモーラ数の比率と一致しない。よって、筆者の書き起こしが音響測定に一致していることを証明している。

C）ピッチと長さのエラー

ピッチと長さの両方にエラーがあった学習者の発音を測定した。共に母語話者との大きな違いが見られると予測される。

N	書き起こし	モーラ数	長さ	ピッチ変化	強さ（デシベル）
5	koo-ko	2/3	60.4%	-20%	-6
5	yo-fu-ku	1/3	28.8%	-6.7%	-0.2
3	o-sa-ka	1/4	20%	-14.2%	-4
1	o-saa-ka	1/2	48%	-10%	-4
5	bo-shi	1/2	43.4%	-17.2%	-10

5	ki-ro	1/2	47%	-17.4%	-3
1	to-ki	1/2	63%	-13.7%	-10

どの測定結果も母語話者に比べてはるかに大きなピッチの下降を示し、下線部の音節の長さはモーラ数との比例を見せなかった。

以上３つのエラータイプの測定は筆者の母語話者としての知覚による書き起こしが音響測定と一致することを証明している。次に筆者の判断と他の母語話者の判断の一致の度合いをみるため、“kiiro” という語を使って、音響測定と他の母語話者によるピッチと長さの判定を比較した。比較には最も不一致の多く見られたタイプＡのエラーが選ばれた。長さの測定は,「k」の声門閉鎖区間が “kii” 全体の長さに影響するため、子音と母音を別々に行った。(表23)

表 22：「きいろ」のタイプＡエラーの測定

学習者	長さ	ピッチ	ピッチ変化	デシベル	Rating of pitch as HL
A	60%	**209** 167	-20%	-6	3
B	65%	**251** 227	-10%	-6	2
C	56%	**103** 89	-14%	0	2
D	59%	**212** 183	-14%	-4	1
E	57%	**141** 105	-25.5%	-4	3
Native	57.5%	**250** 227	-9%	-2	

＊太字で示されているのは高い方のピッチで、Rating of pitch は５人中何人が筆者の判断と一致したかを示す。一致の度合いは一番高くても５人中３人である。

母語話者による書き起こしは母音長の測定においては音響測定とほぼ呼応している。ピッチの判断における不一致は、聞き取りにはっきりしない不十分なピッチの下降が原因であることもあるが、表 22 の学習者ＡとＥの

表 23：語「きいろ」における長さの測定

	k	ii	ro	Rating of /VV/
Learner A	88	118	138	5
B	96	227	175	5
C	75	194	211	5
D	120	198	206	4
E	124	90	203	2
Native Speaker	83	146	172	

＊ Rating of /VV/ は５人中何人が筆者の判断と一致したかを示す。　(msec)

ピッチを上昇とする判断などは明らかに音響測定に反するものである。その他に判定に影響する要因は見つからなかったため、母語話者のピッチの知覚は長さに比べて不確かになる傾向があるものと結論づけられる。

<まとめ>

日本語の平板型の単語を英語話者が発話した場合の、英語の強勢アクセントパターンの影響を調べた。強勢アクセントパターンの影響はピッチには明確に見られたが、母音長の誤りは強勢アクセントパターンの影響から予測されたもの以外のものが多く、時間長の誤りは他の要因の影響があることがうかがわれた。また、母語話者の知覚による書き起こしを音響測定と比べた結果、書き起こされたローマ字表記が正確であることが確認されたが、ピッチ変化に関してはトレーニングを受けていない母語話者の場合、あいまいになることがわかった。次に母音長の誤りの原因を強勢アクセントパターン以外に見たものを調べてみよう。

6－2－2. その他の母音長に関する研究

母音長の誤りが韻律と無関係に起こる場合、単にモーラ時間による長短の対比を習得していないか、文末、句末の母音を不自然に延ばしてしまったことによるものが考えられる。これは、母音長が日本語のように厳密な意味の違いをもたらさない言語（英語、韓国語、スペイン語など）の話者に多く見られる現象である。英語話者の習得過程では、長さを意識する余りかえって長すぎる母音になってしまったり、促音を長母音と置き換えてしまったりする例も報告されている。（Toda: 1994, 96）

母音長の誤りが韻律と無関係に起こることの割合を示したものとして、鶴谷，他（2006b）の報告がある。鶴谷らは、３レベルの学習者６人ずつを使って日本文を読ませ、モーラ時間に関する誤りの中からピッチパターンを調べて時間長のミスとピッチの誤りとの関係を考察した。強勢アクセントのパターンから考え、HL（高低）ピッチパターンの“高”の部分で促音挿入や短母音の長音化が起こった場合と“低”の部分で長母音の短音化が起こった場合、強勢アクセントの影響を受けたと判断した。

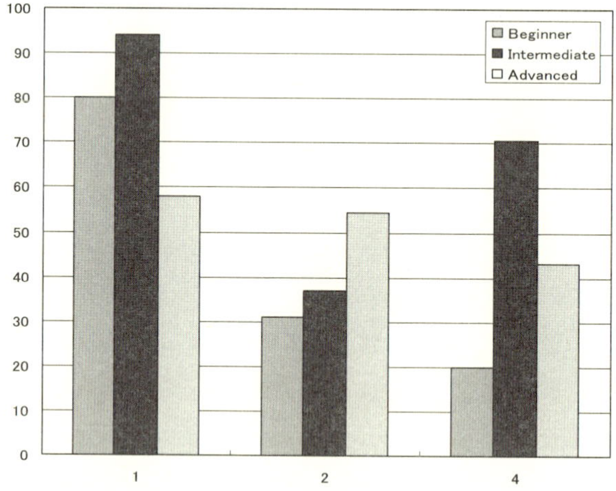

1　促音挿入　　2　長母音の短音化　4　短母音の長音化

図 13：各誤りにおける HL ピッチパターンの影響が占める割合（%）

促音挿入では過半数が HL ピッチパターンと同時に起こっている（例：1. hitto（HL））が、母音長のミス（例：shaacho（HL），kooko（HL））は HL ピッチパターンを伴って起こっているものの割合が少なく（50％以下）、初級学習者では特に母音長に関するミスがピッチパターンに関係なく起こっていることがうかがえる。これは、単に句末、文末で伸ばされたり、平板のアクセントの中で起こっているものが多いためである。

予測されたピッチパターンにあてはまらない誤りの中で注意を引いたものとしてyookoo（HH），hittoo（HL），shuumattsuu（HL）などのパターンがある。これらは、語末を伸ばしたり、英語のように軽音節での開音節を避けるということに加え、各音節の重さを均一（２モーラ）にしようとする努力と解釈することも可能ではないだろうか。このような現象は日本語のリズムの中にも見られることが報告されており、言語に普遍的なものであるかどうか興味深いところである（窪薗、本間：2002）。以上、母音長の誤りは強勢パターンの影響外で起こるものが多く、母音長の長短の違いが習得しにくいことを物語っている。

6－2－3. 子音長とアクセント

子音の長さ、つまり促音に関する誤りの研究は数多く報告されているが、長さの測定のみに絞って調査されたもの（Toda: 1996）、発話速度と知覚の関係を見たもの（平田：1990 a, b、内田：1996）が多く、長さのエラーとピッチとの関係を見たものは少ない。ここではCVCVとCVCCVのペアを使って、学習者の発音におけるピッチと長さの誤りを考察する。

6－2－3－1. 実験

初級の学習者にはより多くのピッチエラーを伴った間違いが起こることを想定して、初級と上級の学習者を対象に、CVCVとCVCCVのペアを用いて録音を行った。刺激語はフラッシュカードにカナで書かれ、英語の意味がその下に小さく示された。日本語の語彙は英単語“went, sold”に対する訳が複数存在するため、“ita-itta”の対応を的確に引き出す目的で、英語表示ではなくこの方法が取られた。学習者はカナを習得し終えており、刺激語はみな学習者が既習の語であるため、この方法によって、彼らが語彙の中に記憶している日本語の音韻構造を引き出せると考える。平板型のピッチパターンを持つ既習語のペア４組に加え、促音挿入は無声子音のみに起こることを確認するため、語末から二番目に有声子音を含む語（* で示す）が刺激語に含められた。学習者の語彙に「あ」を含む平板型のペアはなかったため、除外した。

CVCV 語	アクセント型	CVCCV 語	アクセント型
ita (was there)	LH	itta (went)	LHH
uta (song)	LH	utta (sold)	LHH
heta (be poor at ～)	LH	hetta (decreased)	LHH
oto (sound)	LH	otto (husband)	LHH
*kado (corner)	HL	*ude (arm)	LH

被験者は英語を母語とする 27 名のオーストラリア人大学生で、実験の時点で、初級 16 名は大学の授業の日本語の学習時間が 170 時間程度、上級学習者 11 名は一年間の日本留学を含めて６～７年の学習歴を持ち、大学２年生の上級クラスに所属していた。従って、両グループともカナを読んで発音することに支障はない。刺激語は実験に無関係の語と混ぜ合わせ、被験者の注意を長さの比に置かないよう、ランダムに提示された。被験者は一人ずつ録音室に呼ばれ、フラッシュカードの語を「それは……です。」という文に入れて３度発音した。録音結果の中から２番目に発音されたものを採用し、筆者によって書き起こされた後、ピッチと長さのエラーが数えられた。

6－2－3－2. 結果

＜初級学習者＞

書き起こし結果をもとにピッチと長さのエラー数を比較した。初級者の結果では、CVCV 語において、促音挿入と母音長の誤りの両方が見られた。多くの促音挿入ミスは HL ピッチパターンと共起しており、HL ピッチパターンは正しい長さの語にも多く見られた。エラー数の合計は表 24 の通りである。

表 24：初級学習者による CVCV 語

ピッチパターン	正しい長さ	誤り	計
LH（正）	0	0	0
HH（誤）	2	13	15
HL（誤）	18	31	49
計	20	44	64

ピッチと長さの関係を見るため、結果をカイ２乗検定を使って計算したところ、カイ２乗の値は 3.25 であったため、０仮定は否定され、ピッチパターンと長さの相関関係は実証されなかった。また、予測されたように促音の挿入は有声子音の前では見られず、無声子音の前でしか起こらないことも立証された。

次に促音のある語を使い、ピッチパターンと促音維持の関係を調べた。促音の脱落は、カナ表記「っ」により示されているためか、あまり見られなかった。ここでもやはり大半の語が HL ピッチパターンを伴って発音されている。

表 25：初級学習者による CVCCV 語

ピッチパターン	正しい長さ	誤り	計
LH（正）	0	0	0
HH（誤）	13	1 (1)	15
HL（誤）	41	5 (3)	49
計	54	10	64

＊（　　）内は、母音の長音化による誤り CVVCV の数を示す。

相関関係は見られないものの、CVCV 語の結果と共に初級学習者の発音には HL ピッチパターンが圧倒的に多く見られる。

<上級学習者>

11人の上級学習者の発音が集められ、初級学習者の結果と比較された。数年間の学習歴に加え、1年余りの日本滞在歴もある上級学習者の言語レベルは、この実験の初級学習者に比べてはるかに高く、時間長に関するエラーは少ないものと予測される。もし、時間長のミスが英語のアクセントからの負の干渉によるものであれば、上級になるにつれミスは減少するはずである。もし、エラー数が減少しなければ、促音挿入ミスは他の要因にも起因すると考えられる。初級学習者の録音と同じく、上級学習者の結果も筆者によって書き起こされ、表にまとめられた。

表26：上級学習者のCVCV語

ピッチパターン	正しい長さ	誤り	計
LH（正）	2	0	2
HH（誤）	10	(2)	12
HL（誤）	12	18	30
計	24	20	44

二つの母音の長音化を除いて、時間長のミスは全てHLピッチパターンを伴う促音の挿入で、正しいピッチパターン（LH）で発音した上級学習者は一名だけであった。促音挿入ミスは全体の45%で、初級の69%と比べると低いが、依然、予測されたよりも高い数値を示している。

カナによる表示のため、CVCCV語に関しては、促音の脱落はほとんど見られなかったが、HLピッチパターンは3分の2の学習者に見られた。促音挿入ミスだけで見ると、HLピッチパターンは80%のものに見られた。

表 27：上級学習者の CVCCV 語

ピッチパターン	正しい長さ	誤り	計
LH（正）	0	0	0
HH（誤）	10	3	13
HL（誤）	29	2	31
計	39	5	44

<まとめ>

英語のアクセント規則による干渉から予測された、ピッチのエラーと時間長のミスの相関関係ははっきりとは見られなかったが、HL ピッチパターンが英語話者に好んで用いられることは明らかになった。全ての刺激語の３分の２が、２つのレベルの学習者によって HL ピッチパターンを伴って発音されていた。つまり、中間言語において HL が無標のピッチパターンということになる。正しいピッチパターン LH はただ一人の上級の学習者にしか見られず、Initial Lowering は英語話者には習得困難であることがうかがえる。

刺激語がカナで与えられカナで長さが指示されたことにより、英語のみで刺激語の表示がされた場合よりも長さの誤りは少なかったのだと思われるが、促音脱落のミスは初級 16％、上級 11％に見られた。カナ「っ」の指示により、促音脱落のミスは挿入ミスよりも比較的容易に消えていくであろうが、カナの指示なしでは、さらに誤りが増えるものと予測される。

CVCV 語に関して、初級学習者の長さのエラーは母音の長音化と促音挿入の両方に見られたが、上級学習者のエラーは促音挿入のみであった。ピッチと長さのミスの相関関係は見られなかったものの、初級学習者のデータには HL ピッチパターンを伴う長さのミスがより多く見られた。これは、英語のアクセント規則による負の干渉と思われる。上級学習者は日本語の母音の長さの比を習得しているためか、母音の長音化のミスは見られなかった。上級になった段階での促音挿入ミスに関しては、英語のアクセント規則による負の干渉を克服した後も、HL ピッチパターンの高いピッチ（H）を置いた音節の短母音を伸ばすまいとして声門閉鎖音 [ʔ] を置いてしまったことによるものではないかと思われる。

以上、HL ピッチパターンは中間言語において無標のピッチパターンであり、モーラ時間を習得した後も学習者の発話に見られることがわかった。促音挿入の原因として、初級学習者では英語のアクセント規則による負の干渉が、上級学習者では母音を短く保つため子音長を過剰に生成してしまうことが考えられる。結果として促音挿入ミスは促音脱落ミスよりも長く学習者の発話に残ると言える。

6－2－4. その他の子音長に関する研究

子音長においても純粋に時間長を扱った研究が多く見られる。促音の中でも、閉鎖音は摩擦音より先に習得されるという報告（戸田：1997）や、促音を習得する過程における学習者のストラテジーに関する研究（Toda: 1996）のほか、学習者の促音の長さが十分でないことを調べたものが多い。Han（1992）はアメリカ人上級学習者と母語話者の促音の長さを比較した。10 人の母語話者の平均値では二重子音が単子音の 2.8 倍だったのに対し、4 人の学習者の平均は、二重子音が単子音の 2 倍程度であった。これは、母音においても、母語話者の長母音が短母音の 3 倍に近いという報告（Tsukada: 1996）と呼応している。Han（1992）も指摘しているように、2 倍よりも 3 倍に近い感覚で発音するよう学習者に指導することが望ましいだろう。知覚の面では、母音と同様、先行母音との割合において、促音、長母音の知覚を定義する試みが藤崎、杉藤（1977）の測定以来行われてきた。荒井、川越（1996）は、母語話者の英語の借用語形成における促音の長さの境界の同定を以下のような計算を使って算出している。

CVCV（C ＝子音、V ＝母音）語において：

判断境界値＝ C2 の長さ / V1 の長さ　　“C1V1（C）C2 V2”

藤崎、杉藤（1977）の測定から、母語話者はこの値が単語レベルの促音の場合、1.66～1.69 以上であると言われている。学習者の場合、1.5 以下であることが多く、6－2－3の実験の母語話者による評定も判断境界値に比例して変化している（Tsurutani: 2001）。次のデータは初級学習者７人Ａ～Ｇの“いった”という語の発話が“いた”と母語話者に知覚されたもののスコアと判断境界値（RDV）の比較である。

“iQta” 0 -> 10 ”ita”

	母語話者	G	B	A	D	C	F	E
Score	0	0	2	3	5	5	8	10
RDV	2.8	2.5	1.7	1.2	2.1	1.4	1.1	0.8
Pitch*	+22%	+2%	-5%	0	-10%	+6%	+3%	0

* 第一、第二音節の間のピッチの変化の第一音節のピッチに対する割合として表されている。

10 人の母語話者により、ネイティブの“いった”に近いと判断されたものほどスコアが低くなっている。スコアと RDV はほぼ比例していることがわかるだろう。しかし、発話速度の変化する日常会話の中で、正しい生成や知覚を保つのは容易ではない（Tsurutani: 2003）。促音の知覚においては、後続文の発話速度の影響（平田：1990）も報告されており、単に３倍の長さを要求するだけの単語レベルでの練習が十分では無いことを物語っている。

6－3. 拗音に関する研究

拗音の習得には、その音韻構造と音素としての複雑さの両方が影響を与えると考えられる。CjV の構造は英語では子音連続と解釈され、わたり音 [j] は通常阻害音の後に来るが、鼻音、流音など響音の後に来ることもある。しかし、/rj/ はありえない。CjV の英語での音韻構造は以下のように扱われている。

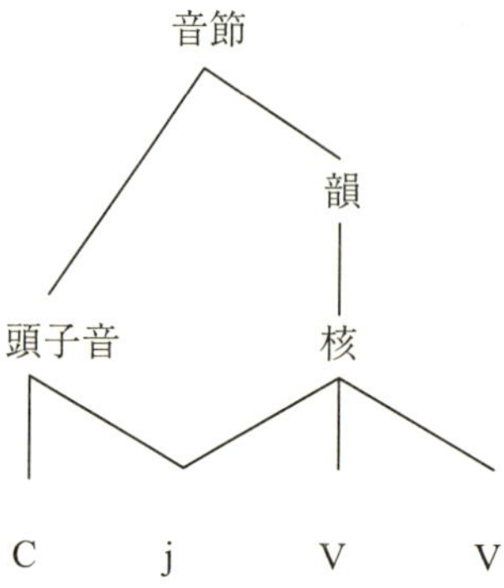

わたり音 /j/ が頭子音と核のどちらの一部として扱われるべきか、疑問は残る。5－3で述べたように後続母音は長母音 [u] のみなので、[ju] を /ɪu/ ととらえる研究者もいる（Anderson: 1987）。一方、/j/ は隣接する子音を口蓋化するため、頭子音部の子音連続 /Cj/ と解釈されることが多いが、英語音声学でもこの点においては意見の一致に至っていない。例えば、“cute” という語を音声学的に書き起こした場合、3つのバージョン [k^{j}ut], [kjut], [kɪut] が可能となる。母音 [i] と半母音 [j] は調音的には同一の動作を伴うが、[i] は十分な長さを持って発声され、[j] は素早く調音点を移すわたり音であるところに違いがある（Catford：1977）。[kjut] が最も広く受け入れられている記述であるが、Ladefoged（1982）は [kɪut] を支持し、/ju/ の音の連続は、子音の後に母音が続くというより、二重母音に近いと述べている。二重母音がわたり音的母音と呼ばれていること（Giegerich: 1992）や、/ju/ は [ɪ] から [u] へのすばやい移行であることを考えると、3つのバージョンのどれも少なからず正しいと言える。CjV は音韻的には子音連続として扱われているが、音声学的には /j/ が母音の一部であるか、子音の一部であるか、不透明な存在である。拗音の発音誤りは、子音長、母音長の誤りが無くなった上級学習者にでさえ、しばしば見受けられる。拗音の音声的、音韻的難しさを念頭に、次のような点を解明すべく実験を行った。

＊拗音の困難な点は、学習者が /Cj/ を子音連続と解釈するところにあると思われる。第二言語学習者には独特な拗音の誤りのパターンが存在するはずである。

＊ /Cj/ に続く母音が [u] の長母音しかないと言う英語の制約が母音の時間長ミスにどう影響するか、他の母音 [a], [o] と共に調査する。

6－3－1．実験

/Cj/ を子音連続ととらえた場合、その困難さを克服するため、学習者は子音の一つを省略するか、母音を挿入するかのストラテジーをとる（Sato: 1984）のが一般的である。モーラ時間を習得していない初級学習者には、拗音（CjV）の発音が１モーラの時間の枠を超えるパターンが多く見られると予測される。学習者の誤りパターンを考察するため、以下のような実験を行った。

被験者は英語を母語とする 16 名のオーストラリア人大学生で、実験の時点で、大学の授業の日本語の学習時間が 170 時間程度であった。しかし、高校で１，２年日本語の基礎を学んでいるため、レベルは初級後半で、カナを読んで発音することに支障はない。被験者は一人ずつ録音室に呼ばれ、フラッシュカードの語を「それは……です。」という文に入れて３度発音した。録音結果の中から安定している２番目に発音されたものを採用し、筆者が書き起こしを行った。

刺激語は、日本語としての頻度が高く、英語にない音素である /kj, rj/ を含む語を既習語の中から選び、フラッシュカードにカナとその下に小さく添えた英語で示された。刺激語は実験に無関係の語と混ぜ合わせ、ランダムに提示された。以下がそのリストである。

kya	**kyu**	**kyo**
okyakusan	ya<u>kyuu</u>*	yuubinkyoku
（guest）	（baseball）	（post office）

rya	**ryu**	**ryo**
ryaku #	ryuugaku*	ryokoo / ryokan^
(abbreviation)	(studying abroad)	(trip/inn)

* 日本語の語彙で短母音の「う」が /kj/ に続くものはない。
#「りゃく」は既習の語ではないが、今回特別に学んでもらった。
^「りょこう」の発音間違いは．よく知られているが、それが単にこの単語に限らないことを証明するため、「りょかん」もリストに加えた。

比較のため、拗音の後の音素が [k] になるようにし、学習者に困難と思われる、/kj, rj/ に短母音が続くものが選ばれた。

6－3－2. 結果

合計 112 の発話が書き起こされ、表 28 にまとめられた。書き起こしは

表 28：初級学習者の誤りのパターン

	正	誤				
	CjV	CjVV	CjVQ	CVCV	CV	誤りの数
kya	12		2	2		4
kyu	16					0
kyo	12	2	1	1		4
rya	5		4	5	2(CVQ)	11
ryu	7			6 1 (CVCVV)	2 (CVV)	9
*ryo	1	5	4	4	2 (CVV)	15
(ryo in "ryokan")	2	5		7	2 (CVV)	
計	54	7	11	19	6	43

*「りょ」の誤りパターンは「りょこう」の語からとられた。「りょかん」の誤り数は比較のためのみで、集計には加えられていない。

筆者と３人の母語話者によって行われ、３人のうち、２人が筆者と一致したものが正しい評価とされた。一致が得られなかったものは音響分析によって判断した。

		エラー数
１）CjVV	長母音化	7
２）CjVQ	促音挿入	11
３）CVCV	母音挿入	19
４）CV	子音脱落	6

43の誤りのうち、25は音韻構造の変化を伴う誤り（３)、４)）であり、第二言語学習者に多い拗音の２音節化（CVCV)、つまり母音挿入のミスが子音の脱落を上回った。促音挿入も多く見られた。ピッチとの関係を見るため、短母音を伴う拗音のみを使い、誤りと長さのミスの関係を考察した。ピッチの測定は筆者の書き起こしと音響測定を使って行った。

表29：刺激語に課せられたピッチの型

	正しい長さ		誤り	
	HH	HL	HH	HL
－A	21	6	16	21
＋A	1	6	4	5
計	22	12	20	26

－A＝無アクセント語（おきゃくさん、ゆうびんきょく、りょかん、りょこう
―“ゆうびんきょく”は拗音のある“きょく”の部分だけ見て判断した。），
＋A＝アクセントのある語（りゃく）

56％の時間長のミスがHLのピッチパターンを持っている一方、正しい時間長を持つ語の35％もHLピッチパターンを伴っていた。よって、ピッチパターンが拗音の時間長のミスの決定的な要素だとは言いがたい。

初級学習者の拗音の発音には、モーラ時間の制約を超えた誤りパターンとなる母音挿入による誤り“Ci － jV”が、子音脱落による誤りよりも多く見られた。これは、日本人幼児が困難な音である拗音の学習過程で、拗音“CjV”をモーラ時間長は同じである“CV”か“jV”として生成してしまうことと対照的な結果である。つまり、日本人幼児はモーラ感覚を体得しており、母音挿入による“Ci － jV”のような誤りは起こさないわけだ（Tsurutani: 2004）。

２番目に多かった間違いとして促音挿入がある。これは以下の４つの拗音に見られた。

2　kya（おきゃくさん）
1　kyo（ゆうびんきょく）
4　rya（りゃく）
4　ryo（りょこう）

“kya”は次に続く“ku”の [u] が無声子音にはさまれ無声化されるため、“o.kyak.san”となり、後ろから２番目の音節に位置する。よって、全ての語が対象となる拗音を後ろから２番目の音節に持ち、CV モーラと同じ、英語のアクセント規則にそった促音挿入ミスの環境となる。母音長を伸ばすことによる誤りは母音 [o] に限って見られたが、特に「りょこう」と「りょかん」の語に集中した。これは６－２－２で述べたように各音節の重さを均一（２モーラ）にしようとする動きととれなくもない。この点は他の音韻構造を持つ語と比較して調べる必要がある。以上、CjV モーラは、母音の伸長、促音の挿入に関してはＣＶモーラと同じ誤り環境で起こるが、口蓋化子音 /Cj/ ゆえにモーラ時間の制約を超える、母音挿入が第二言語学習者（英語話者）の誤りの特徴となる。しかし、この種の誤りは上級学習者になると見られなくなる（Tsurutani: 2001）。

6－4. まとめ

英語話者の日本語の習得過程についてピッチと母音長、子音長の誤りの関係を中心に考察した。分節音の誤り（置換ミス）はモーラ時間に関するものと比べると少ない。子音長、促音挿入ミスに関してはHLピッチパターンとの共起が顕著であったが、母音長の誤りに関しては、HLピッチパターンの影響が余り見られず、ただ母音の長さを習得しないことによるものが多かった。また、促音挿入の誤りは上級学習者にも依然頻繁に見られ、強勢アクセントによる干渉のほかに、短母音を伸ばさないようにするための学習者のストラテジーの一つが原因かと考えられる。初級学習者の拗音の誤りのパターンは、CjVを1モーラの長さに収める事ができず、“Ci－jV”と2音節化してしまうのが特徴であるが、促音挿入や長母音化はCVモーラと同じ環境で起こる。

以上、第二言語話者の発音習得を考察した結果、発音の問題は単に個々の音の問題としてとらえるだけでは不十分だということがわかった。殊に日本語では、母音、子音の長さが言葉の意味を変えるため、強勢アクセント言語である英語を母語とする学習者の場合、ピッチパターンやアクセントにも注意を払う必要がある。これは、教師も学習者も考慮しなければいけない点である。撥音に関する誤りは強勢アクセントによる干渉とは無縁のため、この章では扱わなかったが、撥音の時間長に関する誤りに関しては、Homma（1981）、Toda（1994，6）を参照されたい。

7．第二言語の発音学習

この章では、第二言語学習者の発音における困難点を認識した後、どのような方法で、それを矯正していくか、考えてみたい。

7－1．発音教授法
― 発音上達、矯正のために ―

外国語教授法は、文法訳読法に始まり1970年代のオーディオリンガルメソッドからコミュニカティブアプローチの台頭に至るまで、口頭でのコミュニケーションの重要性を次第に高めていった。それに伴い、発音教授法も変化を遂げていった。Celce-Murciaらによる以下の表を元にその変遷をたどってみよう。

表30：外国語教授法の変遷（参照文献：Celce-Murcia, M., Brinton, D.M. & Goodwin J.M.（1996）*Teaching pronunciation*）

教授法	発音指導
文法訳読法　*1900s*	ほとんど行われない。
ダイレクトメソッド・ナチュラルメソッド　*1900s*～	教師のモデルやテープを繰り返し、まねる。
オーディオリンガルメソッド *1940－50s*	教師のモデルやテープを繰り返し、まねることに加え、音声学の知識を用い、視覚教材で発音を指導。ミニマルペアを使い、聞き取り、発音の練習を行う。

サイレントウエイ *1970s*	発音の正確さにフォーカスが置かれ、音声学の知識は用いないが、サウンドカラーチャートなどを使い、イントネーションパターンや強勢アクセントの情報などを巧みに指導する。
コミュニティランゲージラーニング *1970s*	カウンセラーが学習者の意図する発話を目標言語で発話し、それを学習者が模倣する。発音の正確さが学習者の希望によって指定できることの他は、オーディオリンガルと似ている。
TPR（トータルフィジカルリスポンス）*1970s*	母語話者によるインプットで、自然な発音が得られると考えられ、発音は特に指導されない。
コミュニカティブアプローチ *1980s～*	コミュニケーションに必要なある程度の発音は、十分な目標言語のインプットと会話練習によって得られるという観念の元に、特別な発音練習はない。 正確さよりも流暢さが重視される傾向がある。しかし、聞き取りやすい発音はコミュニケーションを円滑に行うために必須であるため、様々な発音練習が取られている。

現在、コミュニカティブアプローチのクラスで用いられている練習法を以下にリストしてみる。

1．モデル発音を聞いて、まねる。
2．音声学の知識を用い、指導する。
3．ミニマルペアによるドリルで音の違いに気づかせる。
4．文脈の中に埋め込んだミニマルペアで、機械的でない意味のある応答をさせる。
5．サイレントウエイのようなチャートなどの発音指導用視覚教材の使用
6．早口言葉
7．言語発達応用モデル

子供が発音を学ぶ時期の発音器官の発育過程を踏まえ、簡単な音の置き換えで、困難な発音の指導をする。例：w → r

8．音声学の知識を元に母音の変化や強勢アクセントの移動のルールを教える。

9．発音に気をつけながら、文を読み上げる。

10. 学習者の発音を録音して、フィードバックと自己評価のため聞かせる。

全体として、過去の教授法で用いられた方法の応用や発展がほとんどである。多量の母語話者によるインプットが、何よりも重要であることは、第一言語の習得を見るまでもなく明らかであるが、現在コミュニカティブアプローチのクラスにおいて、適時に適度な矯正を行うということに関しては、十分な配慮がなされているとは言いがたい。

はっきり発音の教授法と限ったものとしては、ベルボトナル（Verbo-Tonal System）がある。ベルボトナルは日本人にフランス語を長年教えてきたクロード・ロベルジュ氏（1990）が発展させた発音教授法で、言葉のリズムの知覚には、運動感覚や空間の参与が必要だとし、韻律（Prosody）を重視した教授法である。リズム、イントネーションの体得を発音指導の基礎とし、リズムの特徴を体の動きや手振り，わらべうたなどを使って伝える方法をとる。言語学の知識を引用するよりも直接的で、経験を積んだ教師から学ぶとその言語のリズムやアクセントの特徴がよくわかるかもしれないが、TPR と同じく、ジェスチャーが苦手だったり、不向きだったりする教師、学生にあまりむかえられなかったのか、日本語のクラスではあまり継続した使用は聞かれていない。しかし、日本語の音の単位を２モーラごとに区切ったり、特殊モーラを含めて音節扱いで捉えたりしている点や、各音素よりも韻律を捉えることが発音学習に重要であり、優先されるべきだとする教授法の原理は、注目に値するものだと思われる。

コミュニカティブアプローチの台頭から現在に至るまで、発音上達に関してはきわだった発音教授法は発表されておらず、個人の教授法選択と努力にまかされているようである。以下に、上述の研究をふまえて、発音に気を付けたい学習者が知っておくべき点をまとめておこう。

7－1－1．母語の表記は使わない

まず、何の言語においても発音向上の第一歩は、母語表記の媒介をできるだけ避けるということだろう。第4章の実験でも明らかなように表記はリズムの単位と微妙な対応を示す。母語の表記によって、第二言語の正しい発音が妨げられる例には事欠かない。カタカナ表記による日本人の英語発音の問題はその最たるものと言える。たとえ似通った発音が存在しても、表記はその言語の音韻構造を発音に持ち込んでしまう。CV音節がベースとなっているカナは、次のように英語の発音を歪めることになる。

Straight [streɪt]
[sutoreito] ストレイト

結果は、3箇所の母音挿入や「r」の音などの干渉に加え、1音節であった語が4音節になってしまい、英語の母語話者には、変わり果てた音になってしまうのである。日本語をローマ字表記した場合はその逆の問題となる。

わたし watashi → wataashi → wataa' shi （' ＝アクセントの位置）
おおさか oosaka → osaka → əsæ' ka/əsaa' ka

単に母語の中から似通った音の代用をさがしても、聞き手に話し手の母語の知識が無い限り、通じるチャンスはまず少ないということだ。そもそも発音を表記にたよって学ぶという考えが間違っている。話し言葉が書き言葉と違う一番大きな点は韻律の情報の有無である。単に音素の違いをなぞるだけでは、正しい発音にはならない。音の高低、長さが合って初めて理

解される音になるのだ。

従って、学習初期にはなるべく母語表記の代用を避け、目標言語の発音記号の使用や、ネイティブスピーカーのモデルを真似る方法で、その言語の表記と発音を学んでおくことが望ましい。正しい発音を必ず耳から学んでおくということが必須条件だと言える。

7－1－2. 言語リズムの習得

第４章、第６章の習得研究から、リズムの習得が発音の学習に少なからず影響することが判明している。第４章では、新しく学ぶ言語の分節単位が習得可能かどうかを学習レベルの異なる被験者を使って実験し、日本語の学習レベルが上がるにつれて、英語を母語とする大学生に日本語の分節単位、モーラの定着が起こっていることを証明した。従って、韻律単位の習得は臨界期（１－３．参照）を過ぎても可能だということである。第６章では、個々の音素の習得が韻律構成であるアクセントや時間長に左右されること、学習レベルが上がるにつれてその度合いが少なくなることが指摘された。ここでもリズムの習得が発音学習に欠かせないものであり、また言語習得のバロメーターにもなっていることがわかる。

母語話者の知覚は、第６章６－２の知覚実験から明らかなように、リズムの誤りには比較的鋭く正確である。個々の音素の発音も正しい韻律の枠組みに入っていなければ、目標言語の母語話者に認識されない可能性が高い。逆に多少発音がずれていても正しいリズムにおさまっていれば理解されるということは多々ある。本章に挙げる筆者らのコンピュータープログラムの作成過程の調査で、母音長、子音長の誤りは、学習者の発音の書き起こしに採用された15名の母語話者に正確に指摘されたが、音素の誤りは聞き逃されたり、不正確だったりしたことが報告されている（鶴谷他、松下レポート：2006 a）。英語での実験でも韻律の重要さを伝える研究が多くある。古くはJames（1976）が、音素と韻律の習得を比較するために、１）良いイントネーションと悪い発音、２）悪いイントネーションと良い発音、３）悪い発音と悪いイントネーションの組み合わせを使い、１）が最も高い得点を得たという報告をしている。同様の実験結果が Anderson-Hsieh et al.（1992）、日本語では佐藤（1995）により出されている。1－2で述べたように、リズムの習得は容易ではない。リズムの習得のために、特別な学習法を採用することもあるが、第一言語と第二言語のリズムの相違を理解した上で目標言語に触れる機会を増やし、学習者自身が聞いては発声してみる練習を重ねることが大切であろう。

7－1－3. クリティカルリスニング

第二言語話者にとって、母語話者相手のスムースな会話は究極のゴールであると言える。よって、スムースに会話が続く場合は問題なく、母語話者とのコミュニケーションブレイクダウン（支障）が起きた場合のみ、発音や文法ミスの指標として考えればいいと思いがちである。しかし、発音に関しては、これは必ずしも妥当とは言えない。あやふやな発音も文脈や状況から理解されたり、聞き手が学習者の母語に精通していたり、その独特な発音誤りに寛容であったりすると誤りは指摘されず、学習者はその発音で良いと思ってしまう場合があるからである。第1章で述べたように、成人の母語話者は、あまり親しくない相手の場合、失礼に当たらないよう、非母語話者の理解できなかった発音や表現を適当に推測し、聞き返すということを避けることが多い。子供の母語話者との会話はそれに比べると精度の高い発音評価マシンのように、厳しく容赦がない。発音を上達させたい第二言語話者が必要としているのは、そういう聞き手である。第二言語話者の発音を聞きなれていない生粋の母語話者をさがして会話をし、通じなかった発音をチェックし、どう言えばよかったか正しい発音を知っておければ理想的である。だが現実に、そのような時間に余裕のある会話というのは、お金を払う一対一の会話レッスンを除いてそうあるものではない。CALL（Computer Assisted Language Learning）教材に目を向けるのはそんな時ではないだろうか。

また、クリティカルリスニングは、聞き手からだけのものではない。厳しく批判的に自己の発音を聞くことが発音上達につながるという報告もある。Purcell and Suter（1980）は、発音の正確さに影響する要因の順位を61人の臨界期を過ぎた第二言語学習者に関して調べた。その結果、自己の発音の正確さに対する強い意識、関心が、学習者の第一言語が何であるかに次ぐ二番目の要因であることを報告している。Fraser（2000）は、英語学習者の発音矯正のためのCD教材、“Learn to speak clearly”を作成し、その理念の中で、「自己の発音の何がネイティブのモデルとちがっているか注意深く聞く」クリティカルリスニングを提唱している。

各教授法がめざすものは、正しい聞き取りによる正しい発音に他ならないが、個人の性向によって、好まれる方法は様々であり一概には決められない。しかし、欠くことができない要素として次のものが挙げられる。

＜発音上達に必要なもの＞

— 目標言語の正しい発音を耳から学ぶ
  母語の表記は、母語の音韻構造の干渉を起こし、発音をゆがめてしまう。
— 目標言語の知覚・生成を通し、言語のリズムを学ぶ
— 学んだ発音の生成練習過程における批判的な耳を持つ

7－2. 発音教材と使用法

この課では発音学習を助ける教材の紹介とその使用法を考察する。外国語の発音指導教材は、過去20年余りの間に音声機器の技術の進歩に伴って飛躍的な変化を遂げた。90年代の初めに音声波形、スペクトログラム、ピッチが視覚的な表示を持って容易に示されるようになった後、学習者とモデル発音のピッチや波形を比較して、矯正を促す試みが盛んに行われた（音声録聞見 http:www.cd 4power.jp/onsei/, Hirata: 2004）。しかし、コンピューター画面の表示を見て、その場の内省を促すことはできても、

それが通常の発話行動に反映されるまでには、かなりの知識のギャップがあった。ここでは、2000年以降に開発された発音指導教材に限ってその傾向を見てみよう。

7－2－1．過去に開発された教材

コンピューター教材が開発される以前のものとしては、日本語教育ではオーディオリンガルラボでのテープレコーダー、体でリズムを取ることを使ったベルボトナル、視覚的に音の長さ／高さを示そうとしたプロソディグラフ（串田，他：1995）、ミニマルペアのモデル発音が吹き込まれているテープ付き教科書（土岐、村田：1989）などが知られている。しかし、90年代以降は、圧倒的にCALL教材の台頭が目立ってきた。CALL教材の中でも特に発音に関するものをCAPTA（Computer Assisted Pronunciation Training and Assessment）プログラムと呼ぶ。英語の分野においてはウエブ上で音素や口蓋図を示して、外国語アクセントの軽減を謳ったものや、単語単位で、"r／l" などの音素の識別を促す二者択一のクイズ形式のもの（山田、足立：2000、山田：2006）などが開発されている。2000年前後から、音声自動認識技術を使って、様々な発音教材プログラムの開発が行われてきた。まず、音素を対象として開発されたものと、韻律を対象に開発されたものに分けて紹介する。

小俣、岩野，古井（2003）は韓国人学習者を対象に彼らが誤りやすい7音素に絞って、学習者の発音から置換ミスの検出を試みた。Miwa et al.（2000）は特殊拍（長母音、促音）と単語アクセントの発音、聞き取り評価を中心に日本語音声教育システムを開発した。このシステムは単語レベルのみの扱いで、聞き取った単語をひらがな表を使ってディクテーションのパターンで書き込むことや、特殊拍を含んだ単語を発音させ、単語持続時間長から自動推定した特殊拍の持続時間長を正規化し、スコアを与えることができる。学習者へのフィードバックとしてモデル音声のピッチパターンや波形の長さを自分のものと比べて、違いを理解させようという試みがとられたが、モデル音声との比較というパターンは初期のものと変わ

らない。また、現場の語学教師の参加がなかったためか、単語の選択が学習者の興味と語彙をかなり離れているといえる。（越冬：えっとう――江藤：えとう）しかし、インターネットを通じて多くのユーザーに提供されたことは評価できる。

韻律を扱ったものとして、Hirose et al.（2003）の単語のアクセント型の発音誤りを指摘する発音教育システムがある。これはミニマルペアになる語を単語単位や文に埋め込んだ状態で画面に表示し、その語を読ませて正誤を示した後、誤りである場合は、学習者本人の発音のアクセント型を修正した合成音声を学習者に提示して学習を促すというものである。従来のモデル音声との比較のみの場合よりも少なからず有効であることが８人の学習者を使って報告されている。しかし、文単位でのイントネーション、リズムに関しては、影響する要素が多岐にわたるため、CAPTA システムへの組み込みはほとんど行われていない。

コンピューター技術の導入は発音指導において新分野を開拓したが、使われている矯正技術や発音指導法そのものは、過去の教授法の応用であることが多い。以下の表は O' Brien（2006）の発音に関するコースウエア・ソフトウエアの評価である。

表 31：発音教育コースウエア、ソフトウエアの評価

	教育面	録音	効果	自律性
一般のソフトウエア	Listen and repeat、ミニマルペア、読み上げ（コミュニカティブではない）	高性能、様々な母語話者	学習者による	限られる
音声認識技術を使ったソフトウエア	コミュニケーションは限られた応答のみになる。	高性能、様々な母語話者	音声認識の精度による	限られる

スペクトログラムなどを使った音声視覚化ソフトウエア	発音教育のために作られたわけではないので、教師の使い方にかかっている。	インストラクターによる	学習者や教師の音声学の知識による	限られる
音声視覚化コースウエア	コミュニカティブではない	高性能、様々な母語話者	ユーザーの視覚化された情報の理解度による。	限られる

一見して、コンピューター技術が教師の代用とならないことは明らかである。機械評価の最も大きな利点は、学習者の発音が即座に再生でき、評価、モデル音声との比較が正確にできることにある。その点を生かし、教師やネイティブスピーカー相手の対話練習にうまく組み込むことができれば、理想である。

日本語教育者の側から最も理想とされる発音矯正プログラムは、学習者の発音を音素の段階まで割り出し、何がどう違ったのか、数値で示され、その後どう矯正すべきかの指示や練習も出せるものである。その理想に到達すべく、筆者は、教育工学者の協力を得て、発音自動評価システムの開発を試みた（鶴谷，他：2006a）。次項では筆者の関わった発音自動評価システムの開発過程について、教師側に必要とされる知識と作業を中心に説明することにする。

7－2－2. 発音自動評価システムの開発

発音評価に関しては、現在、自由発話が全て認識される段階まで音声認識の技術が発展してはいないため、評価するための対象音声は、ある程度予測されたものでなくてはならない。その予測された通りの発話を使っても現在のところ、評価精度は80～90％で、100％に達していないのが現状である（牧野：2005、中川：2005）。では、あらかじめ用意された文を学習者が読むとすると、その音声を機械がどうやって認識するのだろうか。まず、現場教師のインプットが必要とされることの背景を説明しよう。以下の図が音声認識の行程である。

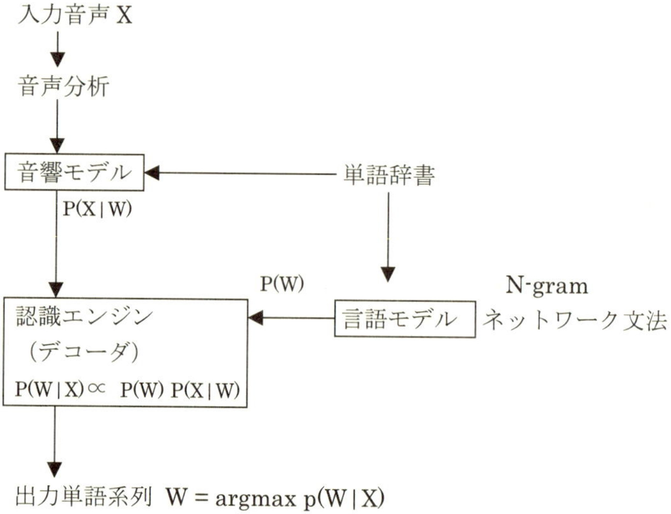

（河原：2000）

図 14：音声認識システムの構成

音声 CALL システム構築には音声認識機能が必要となる。音声認識は入力音声から作られる音響モデルとあらかじめ予測され組み込まれた言語モデルとのマッチングによって行われる。言語モデルは、単語間の接続モデルを定めるもので、まず、単語辞書を作成し、認識対象となる単語の発音を音素表記、つまり日本語の場合ローマ字綴りで記述する。次に単語間の接続関係を規定するため、N-gram と呼ばれる単語間の連接関係を確率値で与える統計モデルを使って通常３単語連鎖の組み合わせを数万作り出す。ここで紹介するプログラムのようにあらかじめ決まった文を使う場合は N-gram は必要ない。その後ネットワーク文法の作成にかかる。ここに教師側のインプットが要求されるのである。音響モデルには、音素を単位とした音声特徴量パターンの分布の統計モデルである隠れマルコフモデル（Hidden Markov Model）が使用され、数千人の話者の音声から構築される。作成された膨大な音声パターンと言語パターンの集積を利用し、言語モデルで作られた単語列の組み合わせから最適なものを探索するのが認識エンジンの役割である。よく用いられるものとしてジュリアス（http://julius.sourceforge.jp/）がある。検出するべき誤りパターンは日本語教師（筆者）の教育経験に基づいて以下のように設定した。

表 32：誤りパターン

1	促音挿入　Ø　→　Q　e.g. hito → hitto
2	短母音の長音化　e.g. a → aa, u->uu
3	促音の脱落 Q（促音）　→　Ø　e.g. itte → ite
4	長母音の短音化　e.g. aa → a
5	拗音の simplification CyV（拗音）→ CV　りゅ→る / ゆ
6	拗音における母音挿入　CyV（拗音）→ CiyV　りゅ→　りゆ
7	子音置換　ɾ（flap in ら行）→ l（lateral approximant）いろいろ　らいねん
8	子音置換　ts（alveolar affricate）→　s（alveolar fricative）　つぎ→すぎ
9	母音の置換　e.g. [o] in “moss”　i ->ai
10	鼻音の挿入、脱落
11	子音置換 Φ（bilabial fricative in ふ）→ f（dental fricative）　さいふ
12	語頭での有声子音の無声化、摩擦音の破擦音化　s（alveolar fricative）→ ts（alveolar affricate）, b（voiced bilabial stop）→ p（voiceless bilabial stop）
13	連続母音の二重母音化　o.i → oi “おい”という２モーラ語が glide oi に発音される。
14	無声子音間、文末の母音の無声化　e.g. します（shimas → shimasu）
15	しよう→しょう（shiyou → shoo）ですよ→でしょう（desuyo → deshoo）
16	ください -> ku:dsai
17	d->r　の置換ミス

18	促音「っ」と長音の置換　っー>ー
19	長音と促音「っ」の置換　ーー>っ

次にネットワーク文法を用いた発音誤りの同定を説明し、誤りがどのように検出されるかを見てみよう。まず、日本語教師が予測される誤りパターンを決定し、文の中のどこでその誤りが起こるか指定し（オプション指定）、これを元にネットワーク文法が作成される。指定は以下のように文節末に置かれる。（10～19は、記号操作のため、A～iと書き換えられた。）

例：だれか（7C）　きいろい（4，7，D）、かさを（1，2）　もって（3H）
　　いますか（4E）

ネットワーク文法は以下の図に見られるように発音のバリエーションを想定するものである。音声認識技術によって、どのパスが実際の発声であったか、同定することになる。従って、このパスに含まれない発声であった場合は検出されない。起こりうる全ての誤りを網羅しようとすると、入力音声を『任意のひらがな列』としてネットワーク文法を構成することになり、誤りの検出率は逆に低くなる。

ネットワーク文法イメージ図

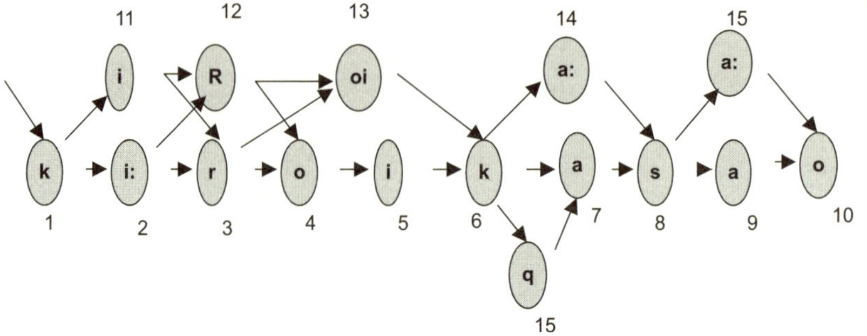

検出例

きーろいかさを：→1→2→3→4→5→6→7→8→9→10→

きろいかさを：　→1→11→3→4→5→6→7→8→9→10→

き Roi かーさを：→1→11→12→13→6→7→14→9→10→

（羅：2007）

図 15：「きいろいかさを」という読み上げ文に対する発音のバリエーション

精度を向上させありえない間違いを除くために、ネットワーク文法を何度も試行し、さらに日本語教師（筆者）が制約を加える作業が繰り返された。

このように現場の教師の知識は、

1）ネットワーク文法の作成

2）ネットワーク文法の精度向上

3）検出対象とするパターンの設定

において有効となる。従来の CALL 教材の場合，技術的問題の解決は技術者の仕事であり，現場の教師は構築されたシステムのユーザーでしかなかったが，現場の教師の知識はいくつかの技術的問題の解決をサポートすることもできる。こうした環境の下では，教師側がシステムの内部動作についての知識も学ぶことができ、学習者のレベルや学習環境に合った文章を採用することが可能になる。

＜発音学習支援システムの概要＞

このシステムでは教師が自由にシナリオ形式の対話を編集できるようになっているが、ここでは基本のモデルを使って説明する。学習者が録音する文は、発音上誤りやすい部分を含む文で、トピックによって読み上げる文は変わるが、学習者がマイクを通して各例文を読み上げる形式は同じである。

1）録音用画面では、録音ボタン、ストップボタン、プレイボタンがあり、学習者は自分の録音をプレイバックして確認でき、やり直したい時は録音ボタンを押して再度録音できる。

図 16：録音用画面

2）１つの例文の読み上げが終わったら、被験者は提出ボタンを押す。

3）録音データは圧縮ファイルとなり、ネットワークを通してサーバに自動的に送られ、採点結果が結果画面の方に表示される。シナリオ形式のトピックの場合、読み上げた文が正しく発音できていれば、適切な応答があり、次の対話に進むが、発音が良くなければ、Check your results のメッセージが出て、採点結果を見るように促す。

4）発音評価では、被験者の発音スコアが文節単位で％表示で指摘され、各文節の％の平均点がトータル％として表示される。学習者の発音と日本人のモデルスピーカーの発音のボタンがあり、自分の発音とモデルの発音を比較し、どこが違うのかを耳で確認することができるようになっている。発音誤りがあったところには、赤いフィードバックボタンが表示され、どの発音をどのように間違えたか、どのような点に注意して発音したらよいかについての診断的メッセージが表示され、被験者の発音誤りが大きかった音素について、正確に発音するための解説文、練習、目標音声などが示される。

図 17：フィードバックボタンの出た低い得点の評価画面

システム内部では、被験者ごとに、被験者の個人番号、日付、時刻、練習した例文の番号、各回の％がサーバに自動的に蓄積され、被験者が個人番号を入力すると、前回までの成績を見ることができる。したがって、被験者が前回と同じ文を発話する場合には、前回と今回の発音スコアの比較が可能である。

作成されたプログラムには、現場の教師が学習者の習熟度に応じて適切な誤りパターンを埋め込む形でネットワーク文法をウエブ上で構成できるようにGraphic User Interface（GUI）も整備された（図 18 参照）。GUI で検出する誤りを限定することで，誤り検出精度も向上できる。

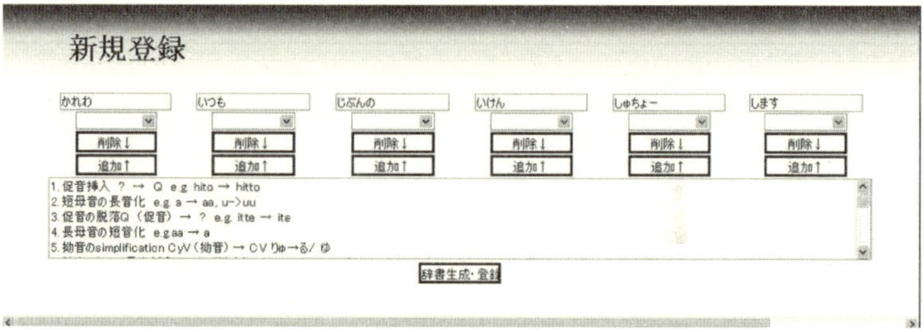

図 18：誤りパターンの埋め込み方式によるネットワーク文法画面

この機能によって表 32 のリストの中から自分の学習者に必要と思われる誤りのみを指定して問題文を作成し、組み込むことができる。
こうして教育現場の教師が関わって開発されたプログラムは、工学関係者のみで開発されたものよりもより教室のニーズにあった内容にすることが容易になる。実データを提供する日本語教師の側には、チューンアップのための数え切れない作業が課されることになるが、出来上がったプログラムは、それまでの苦労が報われたことを教えてくれる価値あるものとなる。

7－2－3. CAPTA 教材開発の意義

発音評価システムの精度と有効性を調べるため、初級４人、中級５人、上級５人のオーストラリア人日本語学習者に使用してもらい、アンケートでシステムの評価を行ったところ、プログラムそのものの有益度、使いやすさに関してはどれも高い支持が得られた。学習者のレベル別に調べると、初級者よりも上級者の方がこのプログラムの使用に積極的である。一般的に、学習初期のその科目に不慣れな学習者よりも、経験を積み学習意欲もしっかり持っている学習者の方が CALL 教材を好意的に使うことが知られており（山内：2001)、このシステムの評価もコンピューター学習に共通して見られる傾向と一致している。初級の学習者の場合、教師からの励ましや動機付けを高める活動が学習の維持に不可欠となるので、コンピューター画面がそれを補う必要がある。それも含め、ウエブ画面の向上がCAPTA教材の今後の課題となるだろう。

評価に際し、学習者の試行に同席しコンピューター評価への反応も以下のように観察できた。

- 学習者は、モデルと自分の発音を何度も繰り返し比較して、評価を納得する。
- 点数評価の100は、とても学習意欲を駆り立てる。
- 長いフィードバックを読むよりも、モデルと自分の発音比較の方に頼る傾向がある。

コンピューター世代の学習者にとって、プログラムが即座に発音を評価し、間違いを指摘できるというのは、興味を持って受け入れられる。しかし、評価があいまいだったり、不正確だったりすると懐疑的になり、あまり好意的なコメントは得にくくなる。全体的には、発音評価プログラムを支持する回答がほとんどであったが、「コンピューターと教師のどちらと発音練習をしたいか」という問いに関しては教師と言う答えが多かった。評価と練習は別のものであり、機械による正確な評価は好まれるが、練習となるとバラエティに富んだ環境を望むため、人間相手の臨機応変な対応が求められるようである。とはいえ、発話された語の評価とフィードバックを即座に与えられることについては、機械が人間に勝ることは明らかである。教師とコンピューターの両方と答えた学習者に理由を聞いたところ、「間違った発音をした時、教師はその語を繰り返して間違いであることを指摘するが、どこをどう間違ったかは言ってくれない。しかし、このプログラムはそれができる。教室では教師、友達と練習したいが、家ではこのプログラムで練習できればとても便利だ。」と言う答えが返ってきた。コンピューター（CAPTA）教材はあくまで自習用であり、ネイティブスピーカーとの対話練習を補う補助教材として使用されるものだと言えるだろう。

7－3. 発音学習のこれから

第二言語を学習する者にとって、ネイティブと聞き違えるほどの流暢さで話せることは最終ゴールである。それに至らないにしてもコミュニケーションに支障のないレベルに到達することが、ほとんどの第二言語学習者の当面の目標になっていると思われる。国際化、グローバライゼーションの流れの中で、自分の学ぶ言語を母語話者から学ぶ機会も多くなった。しかし、自分の母語の音韻構造を越えて目標言語の音を習得するには、それなりの時間と労力が必要とされる。誰もが音声学、音韻論の知識を持っておく必要はないが、語学教師はある程度の知識を得ておくことが好ましい。教室内での指導は、教師の判断で有益だと思う練習を必要な時間だけ使えば良いだろう。しかし、時間的、人数的に難しい場合や、教師が母語話者でなく、適切な指導ができにくい場合は発音評価プログラムを活用することが勧められる。また、コンピューター世代の学習者の学習意欲を高めるためにも有効だろう。

母語話者に聞き取りやすい発音は、単にその言語の音が習得されているということだけではなく、その発話を流暢に発せられるに足る言語能力が備わっていることも意味する。難解な文章や、意味、内容を考えながら話す場合、発音に向けられていた注意がそこなわれ、発音誤りや母語の干渉が再び起きてしまうことがある。その点において、発音の良し悪しは、ある程度、言語習得のバロメーターとなるのではないだろうか。発音評価プログラムの今後の開発に期待される点である。

最後に、外国語の聞き手として考えるべき点を挙げよう。発音練習、上達の過程では、学習者にとって批判的な聞き手が望ましいことは先に述べたが、目標レベルに到達した後は聞き手の協力的な態度も会話の運営において必要である。普段、外国語訛りを聞きなれている聞き手の方が当然、学習者の発音に対する理解度が高く、聞き取りの度合いも違う（Gass and Varonis:1984）ということは想像に難くない。発音学習を推し進めていくことも大切であるが、国際社会の広がりにつれて、他言語の話者が自分の母語を話すのを聞く場面は、増えていくと予想される。我々も外国語の第二言語話者であると同時に日本語の母語話者として、外国語訛りに偏見のない聞き手となることを忘れないようにしなければならない。

参考文献

Allen,G. (1975) Speech rhythm: its relation to performance universals and articulatory timing. *Journal of Phonetics* 3, 75-86

Anderson, J. I. (1987) The markedness differential hypothesis and syllable structure difficulty in Ioup and Weinberger (eds.) *Interlanguage Phonology* 179-291

Anderson-Hsieh, Johnson, R. and Koehler, K. (1992) The relationship between native speakers judgements of nonnative pronunciation and deviance in segmentals, prosody, and syllable structure *Language learning* 42: 4, 529-555

荒井雅子、川越いつえ（1996）「英語からの借用語の促音：ナンセンス語による知覚テスト報告」音声学会会報 213, 55-63

Archibald, J. (1997) The acquisition of English stress by speakers of nonaccentual languages: lexical storage versus computation of stress *Linguistics* 35, 167-181

Archibald, J. (1998) Second Language Phonology John Benjamin

有坂秀世（1940）「アクセントの型の本質について」言語研究 No. 7.8 352-363

Beckman, M. (1982) Segment Duration and the 'Mora' in Japanese. *Phonetica* 39, 113-135

Beckman, M. (1986) *Stress and Non-stress Accent* Foris Publication Dordrecht

Beckman, M (1995) On blending and the mora: comments on Kubozono, Phonology & Phonetic Evidence In Bruce Connell & Amalia Arvaniti (eds.) *Papaers in Laboratory Phonology IV* Cambridge 157-167

Broselow E. and Finer, D. (1991) Parameter setting in second language phonology and syntax *Second Language Research* 7, 1 35-59

Bolinger, D. (1958) A theory of pitch accent and sentence rhythm *Word* 14, 109-149

Catford, J. C. (1977) *Fundamental problems in phonetics* Edinburgh University Press.

Celce-Murcia, M., Brinton, D.M. & Goodwin J.M. (1996) *Teaching pronunciation* Cambridge University Press

Chomsky, N. (1972) *Language and Mind.* New York. Harcourt Brace Jovanovich

Chomsky, N. and Halle, M. (1968) *The sound pattern of English* New York: Harper &

Row
Cruttenden, A.(1986) *Intonation* Cambridge University Press
Cutler, A., Mehler, J., Norris, D. and Segui, J. (1986) The syllable's differing role in the segmentation of French and English *Journal of Memory & Language* 25, 385-400
Cutler, A. and Norris, D. (1988) The role of strong syllables in segmentation for lexical access *Journal of Experimental Psychology: Human Perception & performance* 14 113-121
Cutler, A., Mehler, J., Norris, D. and Segui, J. (1992) Monolingual nature of speech segmentation by bilinguals *Cognitive Psychology* 24, 381-410
Cutler, A. and Otake, T. (1994) Mora or Phoneme? Further evidence from language-specific listening *Journal of Memory & Language* 33, 824-844
Cutler, A. and Young, D. (1994) Rhythmic structure of word blends in English *Proceedings of International Conference on Spoken Language Processing (ICSLP)* 94, 1407-1410
Dauer, R.M. (1983) Stress-timing and syllable timing reanalysed. *Journal of Phonetics* 11, 51-62
Delattre, P. (1966) A comparison of syllable length conditioning among languages *International Review of Applied Linguistics* Vol IV/3,183-198
Dell, G. (1984) Representation of serial order in speech: Evidence from the repeated phoneme effect in speech errors, *Journal of Experimental Psychology; Language, Memory and Cognition* Vol 10. No 2, 222-233
Derwing, B. L. (1992) A pause-break task for eliciting syllable boundary judgements from literate and illiterate speakers: preliminary results for five diverse languages *Language and Speech* 35 (1,2), 219-235
Eady, S.J., Cooper, W.E., Klouda, G.V., Mueller, P. R. and Lotts, D. W.(1986) Acoustical characteristics of sentencial focus: Narrow vs. broad and single vs. dual focus environments *Language and Speech*, Vol 29, Part 3 233- 251
Eckman, F. R. (1977) Markedness and the contrastive analysis hypothesis *Language Learning* Vol.27, No. 2. 315-330
Eckman, F.R.(1991) "The structural Conformity Hypothesis and the acquisition of consonant clusters in the interlanguage of ESL learners" *Studies in Second Language Acquisition* 13;1, 23-42
Ellis, R. (1985) *Understanding Second language Acquisition*, Oxford University Press
Flege, J.E. (1987) "The production of 'new' and 'similar' phones in a foreign language" *Journal of Phonetics* 15, 47-65

Fraser, H (2000) *Learn to speak clearly in English* CD University of New England Press

Fromkin,V. (1987) "Branching structure within the syllable" Journal of Linguistics 23, 359-377

Fry, D.B. (1955) Duration and Intensity as physical correlates of linguistic stress *Journal of the Acoustical Society of America* 27, 765-768

Fry, D. B. (1958) Experiments in the perception of stress *Language and Speech* 126-152

藤崎博也、杉藤美代子（1977）『音声の物理的性質』岩波講座　日本語５　音韻 65-106

Gass, S & Varonis, E.M. (1984) The effect of familiarity on the comprehensibility of nonnative speech in *Language Learning* 34, 65-89

Giegerich, H. J. (1992). *English Phonology* Cambridge University Press.

Greenberg, C. (1978) Some generalizations concerning initial and final consonant clusters In Greenberg, Furguson, and Moravcsik (eds.) *Universal of human language*, Vol 2. Stanford University Press, 243-279

Gimson, A. C. (1994) *Gimson's Pronunciation of English*, Fifth edition revised by Cruttenden, Arnold

Goldsmith, J. A. (1990) *Autosegmental and Metrical Phonology* Oxford: Blackwell Publishers

Han, M. S. (1962) *Japanese phonology* Kenkyusha Tokyo

Han, M. S. (1992) The timing control of geminate and single stop consonants in Japanese: A challenge for nonnative speakers *Phonetica*, 49 102-127

Haraguchi, S. (1977) *The tone pattern of Japanese* - An Autosegmental theory of tonology Kaitakusha

Hatch, E.M. (1983) *Phonology in Psycholinguistics*, Newbury House Publisher 12-39

Hayes, B. (1985) Iambic and trochaic rhythm in stress rules *Berkeley Linguistic Society*

Hayes, B. (1989) The prosodic hierarchy in meter in Kiparsky, P and Youmans, G (eds.) *Phonetics and phonology Rhythm and Meter* Academic Press Inc, 201-260

日々谷潤子（1996）「音声教育 (海外) の展望」音声学会会報 211：43-48

平田由香里（1990a）「単語レベル・文レベルにおける日本人の促音の聴き取り」音声学会会報 194, 23-28

平田由香里（1990b）「単語レベル・文レベルにおける促音の聴き取り—英語を

母語とする日本語学習者の場合」音声学会会報 195, 4-10

Hirata, Y. (2004) Computer Assisted Pronunciation Training for Native English Speakers Learning Japanese Pitch and Duration Contrasts, *Computer Assisted Language Learning* Vol. 17, No. 3-4, 357-376

Hirose, K., Gendrin, F. and Minematsu, N. (2003) "A pronunciation training system for Japanese lexical accents with corrective feedback in learner:s voice" Proc. *EUROSPEECH*, 3149-3152

Hoequist, C. E. (1983 a) Durational correlates of linguistic rhythm categories. *Phonetica* 40, 19-31

Hoequist, C. E. (1983 b) Syllable duration in stress-, syllable- and mora-timed languages. *Phonetica* 40, 203-237

Homma, Y. (1981) Durational relationship between Japanese stops and vowels *Journal of Phonetics* 9, 273-281

Hyman, L. M. (1984) Historical Tonology In Fromkin (ed.) *Tone* Academia Press new York, 259-269

Ioup,G and Tansomboon, A. (1987) The acquisition of tone: A maturational perspective in *Interlanguage phonology* : the acquisition of a second language sound system (eds.) Ioup & Weinberger. 333-349

Ito, J. (1990) Prosodic minimality in Japanese Chicago Linguistic Society 26 Part II Papers from the parasession on the syllable in phonetics and phonology, ed. by K. Deaton et al. 213-39

James, E. (1976) The acquisition of prosodic features of speech using a speech visualizer, *International Review of Applied Linguistics*, 14, 227-243

Johnson J.S. and Newport, E.J. (1987) Critical period effects in second language learning; The influence of maturational state on the acquisition of English as a second language. *Congnitive Psychology*, 21, 60-99

Jones, D. (1969) *The pronuncation of English,* Cambridge

Jusczyk, P.W., Luce, P.A. and Charles-Luce, J. (1993) How word recognition may evolve from infant speech perception capacities in Altmann Shillcock (ed.) *Cognitive Models of Speech Processing* 27-55

片山嘉雄、長瀬慶来、上斗章代（1996）『英語音声学の基礎』東京：研究社

Katada, F. (1990) On the representation of moras: Evidence from a language game *Linguistic Inquiry* Vol 21 641-646

河原達也（2000）「ここまできた音声認識技術」情報処理 , Vol.41, No.4, 436 − 439,

海保博之（1983）『漢字情報処理の心理学』教育出版

Klatt, D. H. (1976) Linguistic uses of segmental duration in English: Acoustic and perceptional evidence *Journal of the Acoustical Society of America vol.59, No5* 1208-1221

金田一春彦（1986）『日本語の特質』NHK ブックス

窪園晴夫、本間猛（2002）音節とモーラ、英語モノグラフシリーズ 15　研究社

Kubozono, H (1989) The mora and syllable structure in Japanese: Evidence from speech errors. *Language and Speech* 32, (3) 249-278

Kubozono, H. (1990) Phonological constraints on blending in English as a case for phonology-morphology interface *Yearbook of Morphology* 3, 1-20

窪園晴夫（1993）「子供のしりとりとモーラの獲得」文部省日本語音声重点領域研究　E10 130-137

窪園晴夫（1995a）「外来語アクセントと音節構造」日本音声学会全国大会予稿集 100-105

Kubozono, H. (1995b) Perceptual evidence for the mora in Japanese, Phonology & Phonetic Evidence In Bruce Connell & Amalia Arvaniti (eds.) *Papaers in Laboratory Phonology IV* Cambridge 141-156

Kurisu, K. (1994) Further evidence for bi-moraic foot in Japanese *Proceedings of International Conference on Spoken Language Processing (ICSLP) 94,* 368-370

栗栖和孝、大竹孝司（1995）「日本語の韻律上の単位としての Bimoraic foot について」日本音声学会全国大会予稿集　72-79

串田真知子、城生佰太郎、築地伸美、松崎寛、劉銘傑（1995）「自然な日本語音声への効果的アプローチ：プロソディグラフ―中国人学習者のための音声教育教材の開発―」日本語教育 86, 39-51

Ladefoged, P. (1982) *A course in phonetics.* Harcourt Brace Jovanovich Publisher Lawrence Erlbaum Associates Inc.

Lado, R. (1957) *Linguitics Across Cultures.* Ann Arbor: University of Michigan Press

Lambert, W.E. (1974) Culture and language as factors in learning and education. In F. E. Aboud & R. D. Meade (eds.) *Cultural factors in learning and education.* Bellingham, Washington: Fifth Western Washington Symposium

Lehiste, I. (1977) Isocrony reconsidered *Journal of Phonetics* 5, 253-263

Lenneberg, E.H. (1967) Biological Foundations of Language

Liberman, I.Y. , Shankweller, D., Fischer, F.W. and Carter, B. (1974) Explicit syllable and phoneme segmentation in the young child in *Journal of Experimental Child Psychology* 18, 201-212

Lieberman, M. and Prince, A (1977) On stress and linguistic rhythm *Linguistic*

Inquiry vol.8 No,2 249-336

Lowenstamm, J. and Kay, J.(1986) Compensatory lengthening in Tiberian Hebrew in Wetzels and Sezer (eds.) *Studies in compensatory lengthening*, Dordrecht, Foris 97-132

羅徳安（2007）「英語話者を対象とした日本語 CALL システムの構築と評価」東京大学大学院情報理工学系研究科電子情報学　修士論文

前川喜久雄（1993）「日本語学習者の音声—日本語テクストの朗読例」日本語音声と日本語教育、平成５年Ｄ１班、平成４年度研究成果報告書 223-244.

牧野正三（2005）「CALL と音響分析」音声研究　Vol9 No.216-27

Mann, V. A. (1987) Phonological awareness: The role of reading experience in Bertelson (ed.) *The onset of literacy* Cambridge, MA :MIT Press 65-92

松崎　寛（1994）「日本語話者の音節意識における音節、モーラの非対応について」日本語教育学会予稿集

McCarthy, J. and Prince, A. (1995) Prosodic morphology in Goldsmith (ed.) *Handbook of Phonology Theory* 318-366

McCawley, J. D. (1968) *The Phonological Component of a Grammar of Japanese.* The Hague: Mouton

Mehler, J., Dommergues, J., Frauenfelder, U. and Segui, J. (1981) The syllable's role in speech segmentation *Journal of verbal learning and verbal behaviour* 20, 298-305

Mester, R. Armin (1990) “Patterns of Truncation” Linguistic Inquiry, 21/3, 478-485

Miwa, J, Sasaki, H. and Tanno, K.(2000) Japanese Spoken Language Learning System Using Java Information Technology, ICSLP 2000, III 578-581

Morais, J., Cary, L., Alegria, J. and Bertelson, P. (1979) Does awareness of speech as a sequence of phones arise spontaneously? *Cognition* 7, 323-331

Morais, J., Bertelson, P., Cary, L. and Alegria, J. (1987) Literacy training and speech segmentation in *The onset of literacy* Bertelson (ed.) Cambridge, MA : MIT Press 45-64

中川聖一（2005）「CALL と音声情報処理技術」音声研究 Vol9 No.2 28-37

中道真木男（1980）「日本語のリズムの単位について」音声言語の研究 15-22

Nagano-Madsen, Y. (1992) *Mora and Prosodic Coordination* : A phonetic study of Japanese, Eskimo and Yoruba Lund University Press

Nakatani, L.H., O'Connor, K.D. and Aston, C.H. (1981) Prosodic aspect of American English speech rhythm *Phonetica* 38, 84-106

Nakatani L.H. and Schaffer, J.A.(1978) Hearing “words” without words: Prosodic cues for word perception *Journal of Acoustic Society of America* 63 (1) 234-245

Nespor, M. and Vogel, I. (1986) *Prosodic Phonology* Foris Publications U.S.A.

O'Brien, M.G. (2006) Teaching pronunciation and intonation with computer technology. In Ducate, L. & Arnold, N. (eds.) Calling on CALL: From theory to research to new directions in foreign language teaching, 127-148. Texas State University TX CALICO.

小俣修一、岩野公司、古井貞熙（2003）「韓国人の日本語発声に対する発音誤りの自動検出・評定法」日本音響学会 2003 年秋季研究発表会講演論文集、２－８－８、pp117 － 20

小野浩司（1991）「外来語としての英語の促音化について」言語研究 100, 67-88

Osaka, N. (1990) Spread of visual attention during fixation while reading Japanese text. In Groner, R. et al. (eds.) *From eye to mind*: Information acquisition in percption, search and reading, Holland, Elsevier Science publisher, 167-178

大竹孝司（1990）「言語のリズムと音節構造」電子情報通信学会 , 55-61

大竹孝司（1992）「日本語音声の知覚上の分節単位：音節とモーラ」文部省重点領域研究 E10 班「日本語のモーラと音節構造に関する総合的研究」38-47

Otake, T., Hatano, G., Cutler, A. and Mehler, J. (1993) Mora or syllable? Speech segmentation in Japanese. *Journal of Memory and Language* 32, 258-278

Oyama, S.(1976) A sensitive period for the acquisition of a phonological system. *Journal of Psycholinguistic Research*, 5, 261-283

Peters, A. M. (1985) Language segmentation: Operating principles for perception and analysis of language *The crosslinguistic study of language acquisition* vol 2: Theoretical issues 1029-1064

Pike, K.L. (1945) *The Intonation of American English* Ann Arbour: University of Michigan Press

Port, R.F., Al-ani, S. and Maeda, S. (1980) Temporal compensation and universal phonetics *Phonetica* 37, 235-252

Port, R., Dalby, J. and O'Dell, M. (1987) Evidence for mora timing in Japanese *Journal of Acoustic society of America* 81 (5) 1574-1585

Poser, W.J. (1990) Evidence for foot structure in Japanese *Language* 66/1, 78-105

Prince, A. and Smolensky, P. (1993) Optimality Theory: Constraint interaction in generative grammar. Technical Report, Rutgers Center for Cognitive

Science, Rutgers University, New Brunswick, N.J., and Computer Science Department, University of Colorado, Boulder.
Purcell, E.T. and Suter, R.W. (1980) Predictors of pronunciation accuracy: A reexamination. *Language learning*. 30, 271-287
Read, C., Zhang, Y-F., Nie, H-Y. and Ding, B-Q. (1986) The ability to manipulate speech sounds depends on knowing alphabetic writing *Cognition*, 24 31-44
ロベルジュ、クロード（1990）『日本語の発音指導』凡人社
Sato, C.J. (1984) Phonological process in second language acquisition: Another look at interlanguage syllable structure *Language Learning* vol.34, No.4 43-57
佐藤大和（1993）「外来語を材料としたアクセントの検討」文部省重点領域研究Ｄ１班 平成４年度研究成果報告書 ―外国人を対象とする日本語教育における音声教育の方策に関する研究―, 5-18
佐藤友則（1995）「単音と韻律が日本語音声の評価に与える影響力の比較」国際交流基金 世界の日本語教育（５）: 139-154 1995 (Apr)
Scovel, T. (1988) A time to speak A psycholinguistic inquiry into the critical period for human speech. Cambridge, MA: Newbury House
Selkirk, E, O (1980) The role of prosodic categories in English word stress *Linguistic Inquiry* 11, 563-605
Selkirk, E. O. (1984) *The phonology and Syntax: The Relation between Sound and Structure* The MIT Press
Snow and Hoefnagel-Hohle (1977) Age differences and the pronunciation of foreign sounds. *Language and Speech*, 20, 357-365.
Swain, M and Lapkin, S. (1989) Canadian Immersion and Adult Second Language Teaching: What's the Connection? *The Modern Language Journal*, Vol. 73, No. 2, 150-159
Takagi, N. and Mann, V. (1994) A perceptual basis for the systematic phonological correspondences between Japanese loan words and their English source words, *Journal of Phonetics* 22: 343-356
田中伸一（2005）『アクセントとリズム』 研究社
寺尾 康（1992）「文産出研究からみた音節・モーラ」文部省重点領域研究Ｅ 10 班「日本語のモーラと音節構造に関する総合的研究」62-75
Toda, T. (1994) Interlanguage phonology: Acquisition of timing control in Japanese *Australian Review of Applied Linguistics* 17, 2 51-76
Toda, T. (1996) Interlanguage phonology: Acquisition of timing control and perceptual

categories of durational contrast in Japanese, A thesis submitted for the degree of Ph.D. of the Australian National University

戸田貴子（1997）「日本語学習者による促音・長音生成のストラテジー」第二言語としての日本語習得研究　第1号　凡人社 157-197

土岐哲、村田水恵（1989）『発音・聴解』外国人のための日本語例文・問題シリーズ　荒竹出版

Treiman, R. (1983) The structure of spoken syllables: Evidence from novel word games. *Cognition* 15, 49-74

Treiman, R. (1986) The division between onsets and rimes in English syllable *Journal of Memory & Language* 25 476-491

Treiman, R and Danis, C. (1988) Syllabification of intervocalic consonants *Journal of Memory & Language* 27, 87-104

Tsukada, K (1996) Acoustic analysis of Japanese-accented vowels in English in the conference proceedings of Speech Science and Technology 373-378

築地伸美、串田真知子（1995）「中国人学習者のための新しい日本語音声教育教材の開発」日本語教育学会予稿集 88-91

Tsurutani, C. (2001) Acquisition of word prosody by second language learners －A study of the acquisition of Japanese prosodic features by English learners- Unpublished PhD thesis－The University of Queensland.

Tsurutani, C. (2003) Speech rate and the perception of geminate consonants and long vowels: A study of English-speaking learners of Japanese. *Journal of Japanese Language Teaching*, 119, 51-64

Tsurutani, C. (2004) "Acquisition of Yo-on (Japanese contracted sounds) in L1 and L2 phonology" in *Second Language* (Vol. 3) 27-48

鶴谷千春、山内豊、峯松信明（2006a）Development of a self assessment program of Japanese pronunciation by English learners　松下教育研究財団レポート

鶴谷千春、峯松信明、羅徳安、山内豊（2006b）「日本語音声の難易度―英語を母語とする学習者の場合」日本音声学会第20回全国大会予稿集 P 51-56

Trubetzkoy, N.S. (1969) *Principles of phonology* Berkeley: University of California Press

内田照久（1996）「中国人日本語学習者における長音、促音、撥音の聴覚的認知の特徴」名古屋大学大学院博士論文

Vance, T.J. (1987) *An Introduction to Japanese Phonology* State University of New York Press

Wenk, B.J. and Wioland, F. (1982) Is French really syllable-timed? *Journal of Phonetics* 10, 193-216

山田玲子（2006）*ATR CALL*『音声言語コミュニケーション機構の研究・音声言語学習機構の研究』

山田恒夫、足立隆弘、山田玲子（2000）*ATR CALL*『完全版 英語スピーキング科学的上達法 音韻篇 CD-ROM 付』講談社

山内　豊（2001）『IT 時代のマルチメディア英語授業入門— CD-ROM からインターネットまで—』研究社 .

Yoon, Y.B. (1994) CV as phonological unit in Korean *Proceedings of International Conference on Spoken Language Processing (ICSLP)* 94, 483-486

Yoshida, S (1990) A government-based analysis of the mora in Japanese *Phonology* 7, 331-351

索　引

著者　鶴谷千春（つるたにちはる）

1957年、山口県生まれ。
岡山大学法文学部文学科卒業。
クイーンズランド大学大学院応用言語学課程修士。
同大学院英語学科言語学博士課程修了。
PhD.（言語学）
現在、オーストラリア国立グリフィス大学文学部言語学科准教授。

第二言語としての日本語の発音とリズム

平成20年5月1日　発　行

著　者　鶴谷　千春
発行所　㈱　溪　水　社
広島市中区小町1－4（〒730-0041）
電　話（082）246－7909
FAX（082）246－7876
E－mail：info@keisui.co.jp

ISBN978－4－86327－013－8　C3081